デジタル通貨・証券の仕組みと実務

ビジネス・法務・会計・税務

KPMGジャパン［監修］

アンダーソン・毛利・友常 法律事務所 外国法共同事業

関口智和／河合 健［編著］

Digital
Currency &
Securities

中央経済社

はじめに

　デジタル通貨・証券の活用をめぐる動きが熱い。

　2017年後半から2018年にかけて，仮想通貨の代表格であるビットコインの価格が急騰し，同時にビットコインの技術基盤であるブロックチェーンへの注目も高まった。メディアの報道でも，「ビットコイン」や「ブロックチェーン」といったワードを聞かない日はなかったのではないか。

　しかし，その後，一部の仮想通貨の流出事案も踏まえ，ビットコインの価格が沈静化したほか，ブロックチェーン技術を利用した資金調達の方法ともいえるInitial Coin Offering（ICO）の中に詐欺的な事案があったこともあり，仮想通貨の売買やブロックチェーン技術を用いた資金調達は社会的な問題になった。

　こうした背景を踏まえ，2018年3月に金融庁に設置された「仮想通貨交換業等に関する研究会」から識別された課題に対応するための提言をまとめた報告書が同年12月に公表され，2019年5月には同報告書で示された提言を踏まえた資金決済法および金融商品取引法の改正法が国会で成立した。資金決済法や金融商品取引法の改正にあたっては，利用者保護の観点が重視され，その後に公表された政令や内閣府令等と併せて，仮想通貨交換業者（暗号資産交換業者）に関する規律が強化され，ICOについても規制が整備された。

　こうした動きと並行して，会計においても，企業会計基準委員会により，資金決済法上の仮想通貨の保有者による会計処理や開示にあたっての実務的な取扱いが明確化されたほか，国際的にも，国際財務報告基準等で会計処理や開示に関する取扱いが明らかにされつつある。さらに，税制においても，国内で所得税や法人税等における取扱いが明確化されていったほか，海外でも，デジタル資産に関する課税関係のあり方という新たな課題への検討が制度・実務の両面で進められている。

　また，ビジネスにおいても，国内外で，ブロックチェーン技術を活用して決済や証券発行の仕組みをより使い勝手のよいものにしていこうとする取組みが進められている。価格を安定的にしてデジタル通貨の決済への活用を広げよう

とする「ステーブルコイン」やブロックチェーン技術を用いて証券を発行することで従来困難であった小口の資金調達を可能とする手段として期待される「セキュリティ・トークン」といったワードを聞かれたことがある方も多いのではないか。さらに，最近では，唯一無二のデジタル資産であるノンファンジブル・トークン（NFT）の売買やブロックチェーン技術を利用して仲介業者を介さずに実行される金融取引であるDecentralized Finance（DeFi）といった新たな取引に対する関心も高まっている。加えて，中央銀行がデジタル通貨を発行するというアイデアが現実のものになってきており，すでに中央銀行がデジタル通貨を発行している事例も出てきている。

このように，デジタル通貨やデジタル証券をはじめとするデジタル資産の活用をめぐっては注目すべき動向が多くあり，これまでに様々な書籍が発刊されている。この中には，デジタル通貨・証券をどのようにビジネスに活用できるかを「トークン・エコノミー」の観点から解説しているものや資金決済法や金融商品取引法における法的な位置付けを詳細に解説したものまで様々ある。しかし，これまで，デジタル通貨・証券を含むデジタル資産について，活用事例，法務，会計，税務を横断的に解説した書籍はなかったのではないか。

本書は，デジタル通貨・証券を含むデジタル資産の活用事例，および関連する法務，会計，税務について，アンダーソン・毛利・友常 法律事務所 外国法共同事業とKPMGジャパンの各領域に関する第一人者がそれぞれの専門領域について直近までの国内外の動向を踏まえて執筆した書である。具体的には，第1章でデジタル通貨・証券の活用が注目されている背景について解説した上で，第2章でデジタル資産の活用事例，第3章で法務，第4章で会計，第5章で税務について解説している。なお，各章における記載のうち，意見に係る部分は各章の執筆担当者の私見である。

筆者個人としては，本書の執筆を通じて，アンダーソン・毛利・友常 法律事務所 外国法共同事業の河合健弁護士，長瀬威志弁護士，福井崇人弁護士，奥田美希弁護士とご一緒する機会を得，卓越した知見に触れることができたのはかけがえのない財産となった。また，本書の企画を通じて，KPMGジャパンの同僚と共同作業をする中で互いの専門分野について議論できたことは大きな刺激となった。

　本書の刊行を企画したのは，2020年春であった。その後，新型コロナウイルス感染症の拡大が続き，対面でのコミュニケーションが難しい中で，中央経済社の土生健人氏にはオンライン会議を通じて有用なアドバイスをいただいた。また，状況が変わっていく中で，多くの校正がある等，ご無理を申し上げた。この場を借りて，厚く御礼を申し上げる。

　デジタル通貨・証券を含むデジタル資産の活用にあたっては検討すべき課題が多く，難解な点も多い。本書が，これらの活用を進める上で一助となれば執筆者一同何よりも幸いである。

2021年7月　執筆者を代表して

有限責任 あずさ監査法人　パートナー

関口　智和

目　次

第 3 章　デジタル資産に関する法務　　79

第 4 章　デジタル通貨・トークンセールスに関する会計実務　143

第 5 章　暗号資産・トークンセールスに関する税務　187

x

※法令表記については，本文内・かっこ内ともに「第」を省略し，かっこ内の参照については，条・項・号を省略し，それぞれ算用数字・丸数字・漢数字で表記する（例：資金決済法第2条第7項第2号→資金決済法2⑦二）。

第 1 章

デジタルによる金融分野の地殻変動

1──FinTechをめぐる動向と通貨・証券のデジタル化

(1) FinTechの動向

FinTechの潮流は，テクノロジーによる金融サービスの再構築を促している。2007年にApple社がiPhoneを発表し，画面上をマルチタッチで操作するという革命的なユーザーインターフェースをもたらしたことで，インターネットや最新のテクノロジーが圧倒的に使いやすくなりスマートフォンのアプリケーションを用いた様々な新しいサービスが誕生した。このようにスマートフォンが普及することで誰もが最新のテクノロジーに触れることができるようになり，金融においてもスマートフォンを用いた決済や資産運用などの金融機能が新しく開発され，従来よりも低コストで使い勝手の良い金融サービスが多数誕生した。

それまでの金融業は厳しい規制の中で大資本を持った企業が大規模なシステム投資によって実現するビジネスという認識であったが，テクノロジーを駆使すればスタートアップ企業であっても領域を絞れば金融サービスを提供することができるようになった。このようにFinTechは新しいテクノロジーがもたらした金融におけるイノベーションであり，同時にテクノロジーが金融そのものを変えていくことを浮き彫りにしたといえる。

(2) ブロックチェーンの誕生

既存の金融に大きな変革をもたらすテクノロジーとして注目されているのが，ブロックチェーンである。2008年10月にSatoshi Nakamotoの論文が発表され，2010年にはこの論文を土台にしてブロックチェーンの上で動くビットコインという暗号資産が誕生した。このビットコインとブロックチェーンの誕生が金融業界にとって大きなインパクトを与える出来事だったといえる。ビットコインは国家の信用に基づいて運用されていた通貨を，国をまたがって分散して自律的に運営される壮大な仕組みで実現しており，中央銀行の裏付けのないまま世界中で交換可能な価値を創り出すことに成功している。

2015年には，自由にプログラミングが可能なブロックチェーンとしてイーサリアム（Ethereum）が誕生し，電子的な価値の証票としてのいわゆるトーク

ンという新たな媒介手段を簡単に創り出せるようになった。また，その後も多数のブロックチェーンとそれに伴うトークンが発行され，かつブロックチェーンの特徴である分散型台帳をデータベースの代わりに使う新たなアプリケーションの仕組みとしてDapps（Decentralized Application：分散型アプリケーション）という仕組みも考案され，トークンを使ったゲームなど価値を媒介する様々な仕組みが構築されるようになった。今では数千種類ものトークンや暗号資産が流通するに至った。

　このように，ブロックチェーンの誕生がトークンという新たな手段を生み出し，デジタル通貨やデジタル証券の概念を具現化することができるようになった。

(3)　トークンの機能と価値

　前述のように，ブロックチェーンはトークンという電子的価値を持つ証票を創り出す仕組みを備えている。トークンにはそれぞれ特有のプログラミング言語を用いて様々な機能を設計して埋め込んでおくことができる。トークンが発行される条件や，運用時のふるまいなどの機能をあらかじめ組み込んでおき，条件が整うと自動的に実行されるマクロのような仕組みである。この機能を「スマートコントラクト」と呼ぶ。

　発行されるトークンがどのような機能を持っているのかにより，決済に使うための暗号資産のような役割を持つのか，収益の配分を行うデジタル証券のような価値を持つのか，価値を持たせずに単なる証票として扱われるのかが特定される。トークンに金銭的価値を持たせたり，収益配分的な機能を持たせたりすることは金融サービスの提供に用いられることになるため，国ごとの規制に抵触する可能性がある。そのため，トークンを新規に発行する場合には，どのようなビジネスモデルにするのかを企画する段階から金融規制を意識して開発する必要があり，同時に規制などの制約事項に基づいてビジネスモデルを検討することになる。トークンにどのような金融機能を持たせるのかは，大きく次の3つに分けて論じられることが多い。

①　ペイメントトークン（決済トークン）

　文字どおり，決済に使うためのトークンである。機能として日常の決済に使

えるように作られているものを指し，それ以外の機能は付与されていない。クレジットカードの加盟店のように，利用できる店舗が増えれば経済圏として確立されるが，現在はトークンをそのまま決済に使う加盟店の数はそれほど多くなく，インフラとして整っていないため，法定通貨と交換するための暗号資産交換業というビジネスが始まった。ビットコインやイーサ（Ether），ネム（NEM）など一定の需要があり暗号資産交換所で取り扱われる場合には，法定通貨と交換するレートが需給に基づいて決定されている。

②　ユーティリティトークン（権利付与型トークン）

　トークンを持っていることで様々な特典を受けられるための権利証のようなものである。特典として受けられるサービスは他で有償で受けられるものではなく，金銭的価値が特定できないものである必要がある。優待特典に金銭的価値があると認められる場合は，ユーティリティトークンではなくセキュリティトークンとみなされる可能性や，プリペイドカード的な位置付けとみなされて，前払式支払手段として金融規制の対象になる可能性がある。

③　セキュリティトークン（証券型トークン）

　出資して受け取ったトークンを保有していることで，実際に存在する会社や収益源からの，配当や利払いを得られるものである。株式や債券に類似している。実際の現物の価値を表す場合と，現物とは紐付けずそれ自身が価値を持つ場合がある。

| 図表1－1 | トークンの種類 |

英語名称	日本語名称	説明
ペイメントトークン	決済トークン	決済に使える機能のみに限定される
ユーティリティトークン	権利付与型トークン	アプリやサービスを利用する権利が付与される
セキュリティトークン	証券トークン	プロジェクトからの収益を配当や利払いによって得られる

（出所：KPMG作成）

(4)　トークン発行（ICO）の流れ

　新しいトークンを発行するプロジェクトに対して出資を暗号資産で募ること
をICO（Initial Coin Offering）という。**図表1－2**では一般的なユーティリ
ティトークンを例にトークン発行の流れをまとめている。

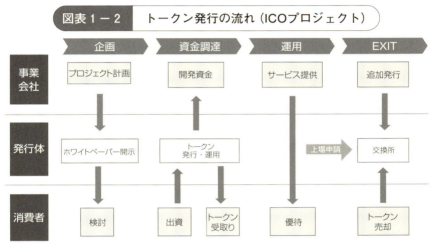

図表1－2　トークン発行の流れ（ICOプロジェクト）

（出所：KPMG作成）

　ユーティリティトークンの発行にあたっては，まず，事業会社側でどのよう
なトークンを発行するのか，ビジネスモデルを明らかにした企画を立案する。
ICOに関する企画書は，当初はブロックチェーンの機能的な説明などシステム
的な要素が色濃いものであったことから，ホワイトペーパーという名称が使わ
れているが，目的に照らせば，株式公開の場合の目論見書と同等の書類である。
しかし，当初は記載項目も少なく，トークンやビジネスでどのような効果が得
られるのかがわかりにくいものが数多くあった。
　本来，トークンを発行して対価を得るだけであれば，ICOは通常の物販と何
ら変わらないため，金融規制の対象とならない可能性もありうる。しかし，
ICOがIPO（Initial Public Offering）を参考に作成された名称であることが示
すように，ICOを企画する会社にとって主たる目的の多くは，出資したプロ
ジェクトにて出来上がったトークンを暗号資産交換所に上場し，法定通貨と高

値で交換することであった。そのため，一般の消費者（投資家）に対して，新たなトークンを購入すれば交換所に上場する際に多額の利益が得られるというセールストークで出資を集めたプロジェクトも存在した。

　実際には交換所で購入時よりも高い金額で売買されるかどうかもわからないし，そもそも発行されたトークンが上場できるかどうかも不明であるため，暗号資産の上場を約束して投資を募ることは消費者（投資家）保護の観点から好ましくない。そのような状況を回避するために，現在ではICOに対して厳しい目が向けられており，また，発行したトークンを暗号資産交換所で扱うための審査も非常に厳しくなっている。

　このように，ホワイトペーパーでビットコインやイーサリアムが何十億円相当も集まるプロジェクトが多数企画され，**図表1－3**にあるように2018年にはICOは年間2,000件を超える勢いであった。しかし，資金を集めたまま稼働しないプロジェクトも散見され，その後各国当局の規制が厳しくなったこともあり，ICOそのものが承認されるケースが少なくなり，徐々に下火となっていった。

　代わって，ICOの1つの類型ではあるが，投資家が安心して投資できるように資産を裏付けとして発行されるSTO（Security Token Offering）が誕生した。STOでは，多くの場合，様々な金融規制に則り，当局の定めた基準をクリアした上でトークンが発行されるが，前述のようなトークンの値上がりへの期待というよりは，既存の証券ビジネスをデジタル化する手段として検討されている。例えば，未上場の証券発行をデジタルで行い，株主名簿の管理の自動化や出資の小口化を可能にすることや，不動産や絵画など今まで高額で手の出しづらかった投資対象資産をより小口化して，より多くの顧客に購入しやすくするなどのメリットをもたらすことが期待されている（**図表1－4**）。また，交換所での審査を経た上で投資家へのトークンの販売を行うIEO（Initial Exchange Offering）にも注目がされている。

図表1-3 ICO，STO，IEOの件数推移

（出所：Inwara社のデータを基にKPMG作成）

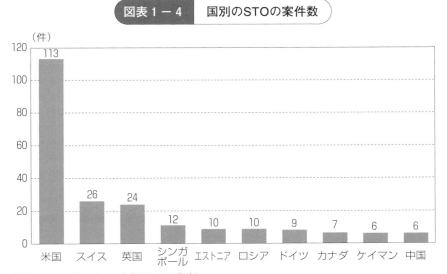

図表1-4 国別のSTOの案件数

（出所：Inwara社のデータを基にKPMG作成）

2──通貨や証券のデジタル化がもたらす ビジネス環境の変化

(1) 暗号資産からデジタル通貨へ

代表的な暗号資産であるビットコインなどは，決済を即時に行う機能が満た

されておらず，また，法定通貨との交換レートが日々大きく変動しているため，決済手段としては非常に使いにくい。このため，決済での利用よりも投機的な目的での購入が多かったこと等の理由から，日本では資金決済法上の呼称が「仮想通貨」から「暗号資産」に変更されている。

しかし，暗号資産の仕組みはデジタル化された価値の移転手段としてのメリットを多く有している。このため，ボラティリティの高さや即時決済機能などを改善した暗号資産が考え出された。また，価値が安定的なコインであるステーブルコインも普及してきている。

具体的にはテザー（Tether）という暗号資産が有名であるが，ドルをまずテザーに交換して，その後別の様々な暗号資産との取引に使うということが行われている。ステーブルコインを民間で発行する場合は，同量の法定通貨を準備しておくことが求められることが多いが，そもそも各国で発行される国家の通貨そのものが金属や紙幣ではなく，デジタルで実装されれば，利便性も高く価値が安定したものになる可能性がある。このため，民間の団体および中央銀行において，デジタル通貨の在り方に関する議論が活発になっている。

⑵　通貨と証券のデジタル化による直接的な変化
①　通貨のデジタル化のメリットとデメリット

通貨や証券がデジタル化されると，どのようなメリットがあるのだろうか。まずデジタル化で大きく変わるのはスピードである。人手が介在することや，物理的な場所を経由することなく，全世界どこでも電子的なデータを流通させることができるため，価値の移転が圧倒的に早い。

次にスケーラビリティ（拡張容易性）が向上する点が挙げられる。事務所や人は極端に大きなボリュームに対応するために突然増やすことはできないが，クラウドコンピューティングの発展により大量のデータを扱うために即座にシステム環境を大きくすることが可能になっている。

また，デジタルで扱うことで処理はデータ化されて履歴を取ることができるため，トレーサビリティ（追跡可能性）を向上させることができる。アナログでの取引管理では処理された後に確認することは大変な労力と時間がかかる。取引がデジタル化されデータとして蓄積されていれば，どのような要求であっ

ても瞬時に履歴を検索することができる。

さらに，デジタル化により今までにない取引形態に対応することができるようになる。例えば，IoT（Internet of Things）が本格的に普及してくれば，様々なデバイスから通信が行われるようになり，データ処理件数は飛躍的に伸びることになり，人的リソースではとても対応できない。すべての手続が電子化されていることで，マイクロペイメントやM2M（Machine to Machine）のような今までになかった取引形態にも対応することができるようになる。

②　通貨のデジタル化で不要となるもの

また，デジタル化を進めることで結果的に不要になるものも多数出てくると考えられる。

1つは距離の概念である。物理的な取引ではなく電子的な取引であれば，世界中どこにでも瞬時に送ることができる。まだ容量の問題やサーバー間のレイテンシー（応答時間）などに制限はあるが，技術的に解決できるものである。

また，デジタル化によって中間で物を預かったり，取引の小口化に対応するための仕分けを行ったり，入金のタイムラグを埋めるために立て替えたりすることも不要となり，そのような役割をしていた中間業者が不要となるだろう。情報も瞬時に伝達されるために情報格差も最小限になるため，金流・商流・人流・情報流といった中間業者が行ってきた業務そのものが見直されることになるだろう。

もちろん，紙の書類や巨大なオフィスも必要なくなる。このため，結果的に管理コストが劇的に下がるだろう。

(3)　通貨のデジタル化がもたらす影響

このような通貨のデジタル化による影響をより具体的に検討すると，下記の7つの影響があると考える。

①　経済効率の向上

現金を動かすための手続とデジタル通貨を動かす手続が同じになってしまう可能性があるが，やはり現金で銀行の口座から振込手続をする場合，デジタル

通貨の場合と比較して手間もコストも多くかかってしまう。デジタル通貨として決済し，送金した方が圧倒的に早くビジネスを回すことができる。受け取った側もクレジットカードや手形と異なり，決済の瞬間にデジタル通貨のまま次の支払に充てることができる。結果として経済全体の通貨の流通速度が上がり，経済活動は今までよりも活発になると思われる。

　また，通貨の動きに連動したデータが蓄積されることにより，通貨の流れがデータという新しい資産を生み出し，これがさらなる収益に貢献するようになるだろう。このように通貨のデジタル化によって通貨もデータも資産としての回転率が上がり，結果として経済活動全体が活発化すると考えられる。

②　ビジネススピードの向上

　今まで人や企業の間で通貨の流通を担っていた中間業者としての金融機関の仕事は減っていくかもしれないが，中間業者を介さず当事者同士の直接取引が行われることとなり，ビジネススピードが向上する。特に国をまたがって同じデジタル通貨を使って取引する場合はより顕著なスピードアップが実現される。

　また，デジタル通貨に情報を載せることができることも既存の通貨とは大きく異なる点である。通常は情報の伝達と資金決済は別々に行われる。例えば，口座への入金を調べて，どの請求金額に対しての入金なのかを請求データと突合して消込することが必要になる。しかし，こうした作業にはどうしても手作業や人間の判断が発生するため，現場への確認などの工数が莫大にかかっていた。通貨がデジタル化され，デジタル通貨に請求書番号などのデータを記載して送金することにより，入金消込といった煩雑な作業を自動化することができる。

③　信用の再定義

　法人，個人問わず様々な取引がデジタルによって直接行われるようになると，取引の信用を何によって担保するのかが問われる。過去の取引履歴や財務的信用だけではなく，システムの堅牢性やセキュリティ対応などのインフラへの信頼がより重要度を増し，ビジネススピードへの対応力が求められるようになるのではないか。また，組織体制や処理権限などについても，迅速な意思決定が

できるように整備しておくことが評価につながるのではないか。このほか，デジタル通貨の流通により新たなデータが生み出されるため，データを活用した信用供与という仕組みも可能になると考えられる。

④　マイクロペイメント

　物理的な通貨ではできなかった少額単位での取引（1 円以下など）が増えるだろう。これまで取引にかかるコストが取引マージンを上回ってしまう小口の取引は敬遠されていた。特に 1 円未満の取引は表現することも難しいため，ある程度まとまって 1 円以上にならなければ価値を移転する方法がなかった。

　デジタル技術はこうした課題を解決できる可能性はあるが，実際にマイクロペイメントを行うためには，スマートコントラクトの実装が欠かせない。少額取引単位で中央のサーバーで取引することはそれだけでもコストに見合わない可能性があるためである。大量の少額取引をこなすためには，スマートコントラクトを用いて取引が自動的に実行されるような仕組みが必要となる。デジタル通貨をブロックチェーン上で実装すれば，取引ごとにサーバーで演算することは必要なくなり，自律分散での処理が都度行われるようになる。

⑤　デジタルツインによるシミュレーション

　デジタルツインとは，デジタルの空間上に物理的な空間と同じ環境を実装することである。

　建物を例にとれば，その外観だけでなく中を通る配管や配線なども実装し，水や電気の流れ，人の流れ，お金の流れなど様々な物事を現実世界と同じように再現することが目指されている。これにより，5 G や IoT 技術の発展も相まって近い将来には町全体をシミュレーションすることができるようになり，現実世界の人や車の流れを再現することができる。

　現時点を再現して可視化することにも価値があるが，それ以上に将来の状況を具体的にシミュレーションすることによって予測できるようにすることが重要である。都市であれば，災害の度合いをパターンごとにシミュレーションすることができる。通貨がデジタル化されれば，金融機関と企業や人の間のお金の流れを再現することが容易になるだろう。資金決済のフローがすべてつまび

らかにされることでプライバシーへの不安も生じるため，技術的な実効性にとどめるが，現実の資金決済フローを再現して可視化することができれば，金融危機が起こったときの影響や補助金の支給によってどのような影響があるかをシミュレーションすることができるようになる。

⑥　国際競争の激化

通貨がデジタル化されて国をまたがって取引されることを考えると，さらに様々な論点が浮かび上がってくる。それぞれの国が独自に発行するのか，複数の国が共通で使えるようにするのか，各国独自通貨であっても為替の原理をリアルタイムに自律的に織り込むのか，税務的な観点をどこで織り込むのか等々，利便性は高いが各国の法的枠組みや競争力に直結することになるため，企業単独でスキームを決めることはできないと思われる。

翻って，中国はデジタル人民元について国内における実証段階まで進んでおり，デジタル通貨を運用する場合の課題を洗い出していると考えられる。仮にデジタル人民元が早く実装され，中国との元建ての取引においてデジタル人民元の使用が求められた場合，どのようなことが考えられるであろうか。使用しないこともちろん考えられるが，デジタル人民元を採用した国と比べて取引の効率やスピードが落ちてしまうことも想定される。その場合，中国と取引している企業がその状態を看過できるのか，少しでも低コスト，高効率でビジネスを進めようとする場合には企業単位で取り込まれていく可能性もある。デジタル人民元の経済圏が拡大し，その中だけで経済効率が高まっていった場合に，日本はどのような対応が取れるのか，円がその時までにデジタル化され，対抗するだけの基盤になりうるのかは未知数である。

また，脅威なのは中国だけではない。前述のFacebookやAmazonなどアメリカのテクノロジープラットフォーマーがデジタル通貨に対してどのようなポジションを取るのかも興味深い。PayPalが暗号資産での決済を可能にしたが，このような決済プラットフォーマーが巨大な電子通貨取引所の役割を果たすようになる可能性もある。

⑦　地域間，世代間でのデジタルデバイドの深刻化

デジタルへの対応は世代や地域によって活用の差があるために，デジタル化の恩恵を受けられないことをデジタルデバイド（Digital Divide：情報格差）と呼び，従来から問題視されてきた。身近な例としては，キャッシュレス決済でのポイント還元の恩恵を受けられる人は当然ながらスマートフォンとQRコードの使い方を理解している人であり，使えない人は恩恵が受けられない。

デジタル通貨によってスピードや効率が上がると，企業ごとのデジタル化の進展度合いにより，デジタル通貨を活用して効果を得られるかどうかが，資金調達コスト以上の財務インパクトになる可能性がある。

図表1－5　通貨のデジタル化による影響

デジタル化により得られるもの
- スピード
- スケーラビリティ
- トレーサビリティ
- データ
- 多様な取引形態（M2M，P2P）

デジタル化により不要となるもの
- 距離の概念
- 中間業者
- 管理コスト
- 紙の書類，印鑑
- 巨大なオフィス

通貨のデジタル化による影響
1. 経済効率の向上
   資産回転率の向上，資産・データの有効活用
2. ビジネススピードの向上
   中間業者や人の作業を介さない取引
3. 信用の再定義
   決済履歴やアクティビティログによる信用，生体認証
4. マイクロペイメント
   決済の小口化
5. デジタルツインによるシミュレーション
   事前シミュレーションにより失敗しない予測社会
6. 国際競争の激化
   国境をまたがる取引の拡大，プラットフォーマーの強大化
7. 地域間，世代間でのデジタルデバイドの深刻化
   デジタル化できる地域/人とそれ以外の格差拡大

（出所：KPMG作成）

(4)　今後の課題

通貨や証券がデジタル化されたとしても既存の紙幣や証券に関するプロセスが一気に置き換わる可能性は少ないと考えられる。仮にデジタル通貨の強制的な使用を国が定めたとしても，既存の流通している通貨をすべて置き換えるには相当の時間がかかるのではないか。これまで，紙幣が新しくなっても古い紙幣が引き続き流通することもあったが，こうした場合でも，ATMで使えない

などの制限を実施することで，交換を促すことはできた。しかし，現金をゼロにすることは現状のキャッシュレスの進展状況を踏まえても現実的でなく，デジタルと紙は並行して使われると考えるのが妥当と思われる。また，民間で発行しているポイントやコインなども引き続き利用されていくと思われる。

　民間のポイントやコインは単なる決済手段としての位置付けだけではなく，クーポンや割引の代替としての販売促進や顧客囲込みの手段であり，さらに個人情報も含まれるような決済データの獲得手段にも使われている。現状のビジネスでポイント付与による実質的な割引は，消費者ビジネスにおいて欠かすことはできないものであり，これからも増えていくであろう。デジタル証券に至っては，物理的な資産との紐付けの問題から既存ビジネスを置き換えるというよりも，不動産の持分など新しい物件から適用されると思われるため既存証券を置き換えるというよりは，新たな市場を創り出すことになるかもしれない。

　デジタル通貨とデジタル証券は，利用拡大において直面している課題は異なるが，ビジネスをデジタルの力で新たに創り出すということでいえば，低迷している経済においての起爆剤として大いに期待できるものになるであろう。

【参考文献】

井上哲也『デジタル円：日銀が通貨を発行する日』（日本経済新聞出版，2020年）

田中修一，副島豊「分散型台帳技術による証券バリューチェーン構築の試み：セキュリティトークンを巡る主要国の動向」日本銀行決済機構局（https://www.boj.or.jp/research/brp/ron_2020/ron200821a.htm/）

増島雅和，堀天子編『暗号資産の法律』（中央経済社，2020年）

水口毅「Libraの降臨」KPMG Japan（https://home.kpmg/jp/ja/home/insights/2019/08/libra-20190822.html）

山岡浩巳『金融の未来：ポスト・フィンテックと「金融5.0」』（金融財政事情研究会，2020年）

第 **2** 章

デジタル資産に係るビジネス動向

　第2章では，デジタル資産に係るビジネスおよび市場について，実際に展開されている事例だけでなく，構想・検討段階のものも取り上げながら，その特性や課題について解説するとともに，今後の動向について考察する。

1──デジタル資産市場

(1)　デジタル資産の発展とビジネス機会
①　デジタル資産が備えるべき必要条件

　デジタル資産は，デジタルデータ（電子記録）が，金銭的価値やそうした価値を受け取る権利，または商品やサービスを受領する権利を表章することで資産としての価値を生み出している。

　この価値を担保するためには，データの改ざんが行われないことおよび二重譲渡などの不正なく価値を移転できることの2つが重要になる。

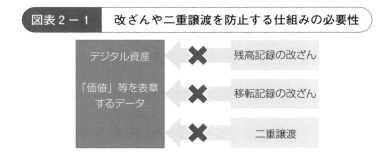

図表2-1　改ざんや二重譲渡を防止する仕組みの必要性

デジタル資産「価値」等を表章するデータ　✖　残高記録の改ざん　移転記録の改ざん　二重譲渡

　これまでデジタルデータについて改ざん耐性と二重譲渡の防止を具備する方法としては，特定の信頼できるデータ管理者を置き，当該管理者が自ら不正を行うことなく，データの改ざん耐性を確保し不正移転の防止を図る仕組みを構築するというアプローチがもっぱらであった。

　この信頼できるデータ管理者を置く仕組み以外に，近年，ブロックチェーン技術を活用してデータの改ざん耐性と不正移転の防止を図る仕組みが登場した。この仕組みでは，信頼できるデータ管理者を置く必要がなく，当該管理者が不正を働かないようにするためのガバナンス態勢の構築および維持コストも不要

となる。また，中央集権型構造であるがゆえにセキュリティに対する攻撃を受けやすくなり，改ざん耐性と不正移転防止を図るための仕組みを構築するコスト等が膨らみやすいという費用構造も大きく転換することになった。

　なお，ブロックチェーン技術を使った仕組みすべてにおいて，管理者が不要となるわけではない。ネットワークの参加者を限定するプライベート型（コンソーシアム型含む）ブロックチェーンの基盤ではむしろ管理者を置くことの方が多い。ただし，この場合の管理者は従来の中央集権型システムの管理者よりもデータの編集等に対する権限が限られているケースが多い。

　では，信頼できる管理者なしにどのようにしてデータの改ざんおよび二重譲渡の発生を防止しているのだろうか。誰もがネットワークに参加可能なパブリック型のブロックチェーンを基盤とする仕組みでは，コンセンサスアルゴリズムと呼ばれる正確な取引データを決める合意方法が定められており，多くの場合，一部の基盤ネットワークの参加者が信頼できる管理者に代わってデータの改ざん耐性や二重譲渡の防止を確保する役割を果たしている。

　ブロックチェーンを基盤とする仕組みでは，信頼できる管理者に代わってこれらの役割を果たす参加者には暗号資産の付与など役割を果たすインセンティブが与えられることが多い。この場合，新たに暗号資産が発行されることに伴う希薄化や暗号資産を移転させる手数料といった形でインセンティブに係るコストをネットワーク参加者が負担する構造であることを意味する。主なコンセンサスアルゴリズムは図表 2 － 2 のとおりである。

　ブロックチェーン技術の登場によってデータの改ざん耐性と不正移転防止機能を有するインフラを幅広い主体が構築できるようになった結果，様々なインフラが開発されるとともにデジタル資産を創出する自由度が高まり，多種多様なデジタル資産が次々と生み出されることにつながっていった。

図表2-2	主なコンセンサスアルゴリズムと特徴

分　類	特　徴	代表的な暗号資産
プルーフ・オブ・ワーク（POW）	膨大な計算を行い最も早く正解にたどり着いた者が取引情報を承認する仕組み。この膨大な計算を行う行為をマイニングといい，行為者をマイナーと呼ぶ。	ビットコイン
プルーフ・オブ・ステーク（POS）	取引情報の承認は暗号資産保有者の中からランダムに決定される。このため，暗号資産の保有量が多いほど取引承認が行える確率が高まる。	イーサリアム
プルーフ・オブ・インポータンス（POI）	POSのような暗号資産保有量だけでなく取引回数や取引量などの指標を加えて暗号資産保有者の重要度に応じて取引承認が行われる確率が高まる。	ネム
プルーフ・オブ・コンセンサス（POC）	バリデーターと呼ばれる取引の承認作業を行う特定のノードが取引承認を行う。バリデーターの80%以上がトランザクションを承認すれば取引ができるようになる。	リップル
デリゲート・プルーフ・オブ・ステーク（DPOS）	POSのように暗号資産保有量の多い人が優先されるのではなく，暗号資産保有量によって重み付けをした投票を行い，そこで取引承認者を決定する。	リスク

②　デジタル資産が価値を表章するための要件

　デジタルデータに資産としての実態を与えることが容易になってきたことで，暗号資産から派生してステーブルコインといった決済トークンやセキュリティトークンといった活用方法が生まれてきている。ここで重要なのは，ブロックチェーン技術自体は資産性を与えているわけではなく，トークンの保有や移転について二重譲渡や改ざんを防ぐ新たな仕組みを提示したに過ぎないことである。

　ブロックチェーン技術によって，デジタルデータが資産として役割を果たすための必要条件である改ざん耐性と不正移転の防止を備えるインフラを構築しやすくなったものの，それだけでデジタルデータが資産となるわけではない。デジタルデータが何らかの価値を表章することを基盤ネットワーク参加者が認識する次のステップが必要になる。

　この点，通常は，表章する価値を何らかの形で裏付ける仕組みが整備される

ことが多い。例えば，ステーブルコインであれば法定通貨と引換えに発行され，ステーブルコインが流通される間はその法定通貨が確保されていることおよびステーブルコインを法定通貨に戻すことを可能にすることなどによって価値が裏付けられ，基盤ネットワーク参加者はトークンが価値を有していると信頼することができる。

　いずれにせよ，デジタル資産が特定の価値や権利を法的な裏付けなく表章するのは簡単ではない。しかしながら，そうした積極的な価値の認識を広める取組みを行うことなく価値が認められていくこともある。その代表的なものがビットコインである。ビットコインは何かに裏付けられているわけではないが，改ざん耐性と不正移転が行われないという最低限の機能のみを備えながら，多くの人が価値の保有や移転の手段として用いる既成事実が積み上がる中で，価値を表章するデジタルデータとしての認識が広がり，デジタル資産としての地位を確立した。

　特筆すべきはビットコインのように発行者が実質的に存在しない暗号資産が資産性を有するに至ったという事実である。多数の利用者が認知する限りにおいてデジタルデータは法的な裏付けがなくとも資産性を有することができ，パブリック型ブロックチェーンを使えば，ピア・ツー・ピアでそのデジタル資産を移転させることができることが証明されたといえる。

③　既存の仕組みへの影響と多様なデジタル資産を活用したビジネス機会

　ブロックチェーン技術の登場は，単にブロックチェーン技術を活用したデジタル資産を創出するというだけでなく，信頼できる管理者を置くという既存の仕組みに対しても変革を生じさせている。例えば，電子的な価値の移転として以前から存在する銀行間送金，いわゆる振込がある。銀行間送金は，特に，法域をまたぎ関与者が多数に及ぶ国際送金については，高額で不透明な手数料と送金に要する期間の長さなど長年にわたって利用者の不満が強い金融サービスであった。こうした国際送金の基盤となっているSWIFT（国際銀行間通信協会：Society for Worldwide Interbank Financial Telecommunication）は，台頭するリップルなどのブロックチェーン技術を活用した送金スキームに対抗し，より迅速に国際送金を行う新たな送金スキームSWIFT gpi（global payments innovations）を導入した。こうした動きは，実質的に競合となるサービスの台頭がなければ起こり得なかったことは想像にかたくない。

　このように，ブロックチェーン技術により，既存の仕組みについて変革が生じているほか，これまでの仕組みでは実現できなかった幅広い価値や権利をデジタル資産化することが可能になってきている。今後は，多種多様なデジタル資産，言い換えると新たなビジネス機会が出現することが予想される。

(2)　デジタル資産に係るビジネス

　デジタル資産を活用したビジネスは，展開する市場によって，すでに存在している商品やサービスをデジタル資産化するというアプローチと，これまでにない商品やサービスあるいは市場をターゲットとしてデジタル資産に係るビジネスを創出し展開するというアプローチの，大きく2つに分けることができる。

①　既存の商品・サービスのデジタル資産化

　例えば，既存の私募ファンドをデジタル資産化する場合，既存の販売および流通市場や対象投資資産，投資家層を活用することができる。このため，こうしたビジネスにおいては，デジタル資産に係るビジネスに着手することが比較的容易と考えられる。私募ファンド以外にも，既存のエコシステムが活用できるという点で金銭や株式，または商品引換券等もデジタル資産化やビジネスへの着手が比較的容易と考えられる。

　他方で，こうした既存の商品やサービスをデジタル資産化してビジネスを展開しようとする場合，既存の商品やサービスとどう差別化するかという課題が出てくる。さらに，金融商品を仲介する業者がシステム対応する必要性や法的有効性を確認する必要性が生じるなどデジタル資産化することでかえってプロセスが複雑化し，デジタル資産を用いるメリットが乏しくなるケースも考えられる。

②　新しい商品・サービスや市場をターゲットとするデジタル資産に係るビジネスの展開

　デジタル資産を活用したビジネスの展開に関するもう1つの方向性は，既存の商品やサービスでは捉えられていないニーズを満たすアプローチである。こ

れは，新しい商品やサービスである場合もあるし，既存の商品やサービスをデジタル資産化したものであるがこれまでと異なる市場をターゲットとする場合もある。

　例えば，株券はすでに電子化されているが，株式発行によって不特定多数の投資家から資金を調達できるのはごく一部の大企業に限られており，それ以外の大多数の非上場企業にとっては既存の株式を使った資金調達には限界がある。

　しかし，デジタル資産（セキュリティトークン）を活用すれば，株式と類似した形で資金調達ができるようになるかもしれない。こうしたこれまで捉えられてこなかった市場ニーズを満たすデジタル資産であれば，株式といった既存の商品やサービスをデジタル資産化したケースでも新しいビジネスを展開することが可能になる。

　また，セキュリティトークンについては，投資家側の観点からも新しい市場が期待できる。これまで集団投資スキームの投資対象とすることが難しかった中小企業の株式等を投資対象とすることや，比較的高額であった最低投資金額をリテール投資家が購入可能な投資額まで小口化を図ることで，デジタル資産の特性・特長を生かしながら新たなビジネス機会を創出することが可能になるかもしれない。

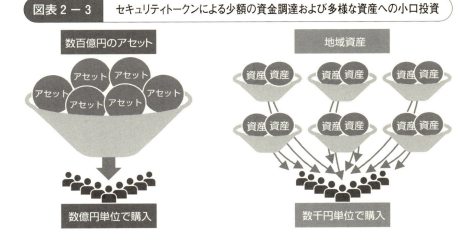

図表2－3　セキュリティトークンによる少額の資金調達および多様な資産への小口投資

　ただし，こうした新しい市場を開拓する場合，販売や流通に係る市場および
エコシステムも1から構築する必要があり，ニーズの掘り起こしや商品の周知
など初期投資と普及までの長い期間が必要となるといった課題を克服する必要
がある。

(3)　デジタル資産と新たな経済圏

　より中長期的な観点からデジタル資産に係るビジネスを展開する上で留意す
べき事項として，今後法定通貨以外の決済トークンが決済手段として普及した
場合に構築されるトークンエコノミー（経済圏）がある。

　経済活動が法定通貨を軸とする経済圏から決済トークンを軸とするトークン
エコノミーへとシフトするとき，決済手段だけでなく，商品やサービスも可能
な限りトークン化される可能性がある。トークンエコノミーでは，商品やサー
ビスの販売・流通の仕組みは大きく変わり，経済が回る仕組みもエコシステム
も既存の仕組みとは全く異なるものが構築されることが考えられる。この場合，
既存の法定通貨経済圏における商品やサービスの市場シェアは一旦リセットさ
れる。

　デジタル資産を活用したビジネスを展開する上では，より親和性の高いトー
クンエコノミーで商品やサービスを展開し，いち早く市場シェアを拡大すると
いうビジネス戦略が考えられる。新たな経済圏では当初は販売される商品や
サービスが十分ではなく，先行者となることで一定の市場シェアを獲得するこ
とは既存の法定通貨に係る経済圏で市場シェアを獲得よりも容易と考えられる。

　したがって，前述の既存の商品やサービスをデジタル資産化しただけでは難
しい差別化も，決済手段として決済トークンに対応することでデジタル資産化
する商品やサービスが既存のものであっても差別化につながるほか，新たな経
済圏における市場シェアの獲得につなげやすくなると考えられる。

　では，トークンエコノミーの生成はいつ達成されるのだろうか。法定通貨経
済圏から新たな経済圏へのシフトは一定のスピードで進むのではなく，決済
トークンで購入可能な商品やサービスが広がり，利用者および利用金額が増え，
事業者が法定通貨よりも決済トークンで得る収入が増えてくる一定の転換点を
超えると急速に進むと考えられる。

(4)　デジタル資産の分類

　デジタル資産は，用途や目的としている機能等により，適用される法規制はもちろんビジネスへの活用方法も大きく異なる。

　このため，以下において，議論を進めやすくする観点から，多種多様なデジタル資産について，後述するステーブルコインや中央銀行が発行するデジタル通貨（CBDC：Central Bank Digital Currency）といった決済トークン，証券法（日本では，金融商品取引法）が適用されるセキュリティトークン，それら以外のユーティリティトークン（後述するNFT（ノンファンジブル・トークン）を含む）の大きく3つに分類することとする。ビットコインについては今後より決済トークンとして利用されるようになる可能性はあるものの便宜上一旦ユーティリティトークンとして扱う。

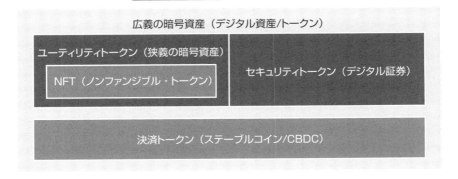

図表 2 － 4　デジタル資産の分類

　その上で，以下において，①ユーティリティトークンとしての（狭義の）「暗号資産」，および②決済トークンである「ステーブルコイン」や「CBDC」および暗号資産のうち「NFT」と呼ばれるトークンに係るビジネスについて考察する。

　なお，「暗号資産」という用語は，各国で法律上の定義の有無や定義が異なり，ビジネス上の使われ方や一般的な概念も定まっていない。例えば，資金決済法で定義される「暗号資産」という用語は，いわゆるユーティリティトーク

ンの概念に近いと考えられるが，トークンの市場全体を指して暗号資産（広義の暗号資産）と表現することもある。この場合は，いわゆる決済トークンや証券トークンも含まれることになる。

　次節②では，デジタル資産の中でも資金決済法に定義される「暗号資産」と海外で類似の概念のもとに整理されているいわゆるユーティリティトークンを対象として議論を進める。ステーブルコインやセキュリティトークンについては③以降で取り上げることとする。

② ── 暗号資産

　暗号資産についてビジネスの観点から検討する場合，暗号資産の種類だけでなく，現物取引やデリバティブ取引といった取引形態による分類，想定する利用者やユースケースなど様々な切り口がある。

　本セクションでは，まず暗号資産市場全体の動向について説明した上で，個別の暗号資産について解説し，その後暗号資産に関わる主な主体および取引形態について考察する。

（1） 暗号資産市場の動向

　ビットコインの誕生後，基盤となるブロックチェーン技術を活用したユースケース創出の動きも含めて，様々なトークンが開発され，多様なビジネスが展開されている。こうした動きは現在も続いており，今後も新しいトークンやビジネスが生まれてくることは必至であるが，本書では執筆時点までに判明している情報等に基づいてこれまでに開発された暗号資産やビジネスについてまとめる。

① 2018年ピーク以前の暗号資産市場

　これまで様々な暗号資産が生み出されているが，代表的な暗号資産といえば，2009年に登場し最も古く，最も時価総額が大きく，後発暗号資産の参考とされているビットコインであろう。

CoinMarketCap社が提供している統計データ[1]によると2021年 4 月 8 日現在で9,000を超える暗号資産（テザー等のいわゆるステーブルコインも含まれる）が確認され，暗号資産全体の時価総額は，約209兆円となっている。これは，前回時価総額が急激に拡大した際のピークである2018年 1 月 8 日（以下「2018年ピーク時」という）の約86.6兆円の約2.4倍に相当する。

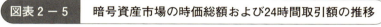

図表 2 − 5　暗号資産市場の時価総額および24時間取引額の推移

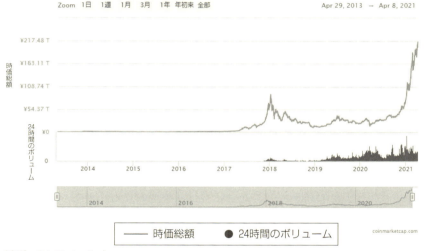

（出所：CoinMarketCap）

　暗号資産市場の動向は，2018年ピーク時を境にそれより前と今後も含めたそれ以降に分けて考えることができる。

　まず，2018年ピーク時より前の暗号資産市場の時価総額の動きをみると，そのちょうど 1 年前となる2017年 1 月 8 日時点の暗号資産全体の時価総額は，約1.8兆円となっている。ビットコインが誕生した2009年 1 月以降ビットコイン

を参考にした様々なアルトコインが発行され，流通していく中でおよそ8年を
かけて2017年1月に暗号資産市場全体の時価総額が約1.8兆円に達した。これ
に対して，2017年2月以降，特に同年夏以降，暗号資産市場は急激に拡大し，
わずか1年で約50倍に時価総額が膨らんだことになる。

　正確な統計データはないが，この2017年の急拡大期も含めた暗号資産市場に
おいて主たる取引主体は個人であったといわれている。この時期は，日本を除
くと暗号資産に対する明確な規制を導入している国は少なく，法的位置付けが
明確でなかった。このため，この時点では，法人が取引主体となることはほと
んどなく，ビジネスとしては暗号資産の発行による資金調達とリテール投資家
向けの流通市場を担う暗号資産交換所が中心となっていた。この時期，ビット
コインが本来目指していたと思われる決済利用は進まず，もっぱら投機として
の売買が目立つ市場となり，流動性を集める市場で交換所自らが取引相手とな
る販売所方式で個人に対して売買機会を数多く提供するビジネスが最も利益率
の高いビジネスとなっていた。

②　2018年ピーク時以降の暗号資産市場

　次に，この約86.6兆円という暗号資産市場の時価総額が最大値を記録した
2018年ピーク時以降の暗号資産市場の動向について考察する。

　まず暗号資産市場の規模という観点では，2018年ピーク時以降からこれまで
の期間において最も時価総額が小さかったのは，2018年12月15日の約10.7兆円
である。2018年ピーク時の約86.6兆円と比較すると12.4％の水準であり，わず
か1年足らずで市場規模が8分の1以下にまで縮小したことになる。

　一般的には，この1年に満たない期間に市場規模が50倍に急増し，ピーク時
から1年に満たない期間で8分の1以下にまで急減した事象を指して，バブル
とその崩壊というイメージができている。実際には，2017年より前からビット
コインをはじめとする暗号資産は急騰と急落を何度も繰り返していた。さらに，
現時点ではすでに2018年ピーク時の約2.4倍の時価総額となっている。それでは，
2018年ピーク時以前とそれ以降で暗号資産市場は何が大きく変化したのか。

　2018年以降で大きく変化したのは，法規制が徐々に整備されたこと，および，
市場参加者の多様化を含む暗号資産を活用したビジネスを行う上で必要なエコ

システムが構築され始めたことの大きく 2 つが挙げられる。エコシステムの代表的なものは，機関投資家の参入と先物市場の創設である。それら以外にも暗号資産を保管するカストディ業務や暗号資産の価格情報を基に指数を組成するビジネス，法規制や会計・税制の整備と弁護士等の専門人材の供給など，暗号資産を用いたビジネスを展開する上で必要な周辺ビジネスまで含めて整備が進んだことが2017年以前とは異なっている。言い換えると，暗号資産市場に「厚み」ができ，ビジネスのすそ野が広がったといえる。

　市場参加者の多様化が進んだことは，暗号資産市場の時価総額等の推移をみてもわかる。例えば，2018年以降で最も時価総額が少なかったのは，前述のとおり約10.7兆円であるが，この数値でさえ，時価総額が急拡大する直前の2017年 1 月 8 日の約1.8兆円と比較すると約 8 倍の水準となる。そして，2021年 4 月 8 日現在の約209兆円は，時価総額急拡大直前の約116倍の水準となっている。

　また，2018年以降にみられる時価総額以外の大きな特徴の 1 つとして，取引量の増加が挙げられる。24時間取引量でみると，2018年までの期間では2018年 1 月 5 日の6.9兆円が最大であったが，2019年以降同取引量は拡大を続け，恒常的に10兆円を上回るようになっているほか，多い時では30兆円を超えることがある。つまり，取引量ベースでみるとすでに2018年のピークを超えるようになっているということである。

　この取引量の拡大は，暗号資産市場の流動性・厚みが増していることを示している。こうした市場の厚みは投機的な取引のみでもたらされるものではなく，多様な観点を持つ投資家が市場に参入することで達成可能なものである。

　暗号資産の時価総額が急拡大した2017年から急激に縮小した2018年の価格変動について，歴史上のバブルになぞらえる指摘も多かった。

　後述するトークンセールスは，規制がないまま資金調達するICO（Initial Coin Offering）の杜撰さが明らかになるにつれて投資家が離れていき市場が縮小したが，情報開示など投資家保護が図られている既存の証券制度と融合することでSTO（セキュリティ・トークン・オファリング：Security Token Offering）としてビジネスが展開しやすくなってきた。また，資産を裏付けにして証券を発行するという既存金融市場のスキームを活用して発行されるステーブルコインも誕生している。さらに，暗号資産に係る規制が明確になったことでNFTといっ

たデジタル資産の活用も検討されるようになった。

　こうした動きのほとんどは，2018年ピーク時以降に起こっている。暗号資産を含むデジタル資産のエコシステムが確立し，多様なビジネスが展開されるようになった一方，暗号資産市場における競争は激しくなり，収益性のあるビジネスをみつけることや競争優位を維持することが容易ではなくなってきている。前述の販売所方式の暗号資産交換ビジネスは，市場の厚みが増し，市場参加者が多様化・洗練化したことで，以前のような利益率（売値と買値の値幅）を維持することはできなくなった。法制度が整備されることは市場の厚みが増すというメリットをもたらす一方で，コンプライアンス（法令遵守）コストの負担から全体として高利益率のビジネス自体がみつけにくくなるという構造的変化が起こっている。これは，市場が成熟化している証左ともいえる。

③　今後の暗号資産市場

　今後の暗号資産市場の動向を考察する上で欠かせないポイントがある。それは，分散型システムの広がりがもたらす市場の構造的転換である。とりわけ，先行して分散型システムが広がってくると見込まれる市場はデジタル資産化が容易な金融分野と考えられる。

　金融分野における分散型システム，いわゆる分散型金融システム（DeFi：Decentralized Finance）が拡大の兆しをみせている。本書では，詳細を**本章「⑤ Defi（分散型金融）」**で説明しているが，DeFiは，従来の金融サービスの仲介者となる金融機関を経由して金融商品やサービスが最終ユーザーに提供される市場構造を大きく変え，最終ユーザーまたは最終ユーザー同士が金融機関を経由することなく金融商品・サービスの提供を受けることを可能にする。金融商品やサービスの販売・流通市場において不可欠と考えられていた金融機関が必要でなくなり，結果的に，金融ビジネスだけでなく金融ビジネスの基盤となる法規制も大きな転換を迫られることになるかもしれない。また，DeFiが拡大すると，直接的には従来のその役割を担ってきた暗号資産交換所を含む金融機関といった金融商品・サービスを仲介する事業者のビジネスが消失する可能性がある。

　法規制面では，仲介機関を規制して市場の健全性や利用者保護を図るという

規制アプローチが根底から見直しを迫られる可能性がある。どのような代替アプローチがとられるのかについて現時点では明確ではないが，例えば，最終ユーザーを直接規制するといった選択肢もありうる。また，最終ユーザーに対する直接規制を残しつつ，ユーザーの接点となる事業者が新たな規制対象となり，ユーザーがそうした事業者を利用する限りにおいては，ユーザーに対する直接規制が免除されるといったハイブリッド型の規制アプローチがとられることもあるかもしれない。

　分散型金融システムのフロントランナーといえる暗号資産の世界では，規制する主体のいないビットコインはいくつかの国で取引禁止にされているもののビットコイン自体はなくなることなく稼働し続けている。

　金融庁は，分散型金融システムの台頭を止められないことおよびこれまでの規制アプローチが通用しないことを前提に，開発者などステークホルダーと当局が対話しながら健全な分散型金融システムを構築する活動をリードしており，他の国の規制当局とは一線を画している面がある。2020年 8 月に行われたブロックチェーンに関するカンファレンスにおいて金融庁の氷見野 良三長官（当時）は，次のような興味深いスピーチ(2)を行っている。以下はその内容を抜粋し要約したものである。

> 「Satoshi Nakamotoは，ビットコインに関する技術的な論文の中で，経済の中核インフラである決済システムが，信頼できるサードパーティを介在せず，P2P（ピア・ツー・ピア）で構築できることを記述した。
> 今日，私たちは信頼という根本的な問題をもう一度深く考える必要に迫られているのかもしれない。信頼という社会の重要な構成要素には，いくつかの核となる構成要素があり，その中のいくつかは急速に変化し，これまで同様に機能するとは限らなくなりつつある。
> ピアレビュー，透明性，改ざん防止のためのタイムスタンプ付き記録，効率的な検証プロセスなどがより大きな役割を果たすことになれば，世界は確かにSatoshiが思い描いたような（信頼できるサードパーティを介さずP2Pで決済が可能になる）方向に進むかもしれない。」

---

(2)　https://www.fsa.go.jp/common/conference/danwa/20200825.pdf

　この発言における要点は，管理者のいない分散型金融システムを効果的に規制する手段がない，言い換えると従来の規制アプローチでは規制できないということ，および利用者がその金融機能を支持する限りにおいて，規制当局として規制しやすい金融機能を使うように強制することはできないことの2つの前提があることと考えられる。

　事実，これまで多くの国がビットコインをはじめとする暗号資産を規制し，中には取扱いを禁止する国もあったが，これまでのところ，ビットコインは稼働し続け，利用され，多くの価値の移転を実現し続けている。規制をしたいという規制当局や中央銀行がいくら規制をしても，声高にマネロンリスクを訴えても，暗号資産を利用する利用者は消えることなく，着々と既成事実を積み重ねている。

　この先ビットコインの利用者がさらに増え，関連ビジネスが拡大し，日常の経済活動に深く組み込まれるようになると，利用禁止とするような規制はいよいよ取りづらくなる。その時，規制当局や中央銀行はビットコインが存在し，経済に深く組み込まれている状況を受け入れて，その状態を前提として規制をすることが求められるようになる。

　氷見野長官のスピーチは，そうなる可能性があることについて目を背けるのではなく，起こることを前提に検討を始めることを促していると考えられる。

(2)　個別の暗号資産

　ここでは，個別暗号資産のうち時価総額トップのビットコインと取引額トップのテザーを取り上げて特徴等に基づいて考察する。

①　ビットコイン

2008年10月，Satoshi Nakamotoと名乗る人物がビットコインの原型となるアイデアが記載された論文[3]を公開した。その後，2009年1月，有志がその論文に基づいて実際にビットコインを開発した。電子的な価値記録は，多くの場合，改ざんが容易である。ビットコインの革新性は，信頼できる第三者を置

---

[3]　https://bitcoin.org/bitcoin.pdf

図表 2 － 6	暗号資産の時価総額上位 5 種とその24時間取引額（2021年 4 月 8 日現在）

（単位：百万円）

	暗号資産	時価総額	過去24時間取引額
1	ビットコイン	￥116,493,383	￥7,772,535
2	イーサ	￥25,360,163	￥3,359,942
3	バイナンスコイン	￥6,537,476	￥693,684
4	テザー	￥4,727,364	￥17,645,221
5	XRP	￥4,723,633	￥2,984,344

（出所：CoinMarketCap）

くことなく電子的な価値記録をP 2 P（ピア・ツー・ピア）で移転させること
を可能にしたことである。その基盤となっているのがブロックチェーン技術で
ある。

　開発した者はいるとしても動き出したビットコインに管理者はいない。管理
者不在のままビットコインは10年以上にわたりシステムダウン等のトラブルも
なく稼働し続けている。ビットコインの登場を機に基盤技術であるブロック
チェーン技術が着目され，様々な分野での応用が試みられているが，これまで
のところ最も成功したブロックチェーン技術のユースケースはビットコインで
あるといえる。

　ビットコインは，時価総額で最大の暗号資産でCoinMarketCapによるとそ
の額は2021年 4 月 8 日現在で約116兆円となっている。この金額は暗号資産全
体の時価総額合計約209兆円のうち55％を占めている。また，約116兆円という
金額は，日本の株式市場でみると，時価総額トップのトヨタの約27.5兆円
（2021年 4 月 8 日現在）の約4.2倍となっている。つまり，ビットコインの市場
規模は，日本の株式市場でいうと時価総額でダントツトップの個別株に相当す
るということになる。

　このように一定の時価総額を保持していることは，運用資産ポートフォリオ
に組み入れる機関投資家や私募ファンドの創設を促すことにもつながり，そう
した機関投資家の参入がまた，暗号資産市場の活性化および成熟化につながる
という循環を生み出している。

② テザー（USTD）

　ステーブルコインの代表格で，テザー社が米国ドルと引換えに固定レートで発行する米国ドルを裏付けとするトークンである。詳細についてはステーブルコインのセクションで詳述するが，テザーは次の2つの特徴を有している。

　1点目は，けた違いに大きい資産回転率と取引額である。CoinMarketCapによると，2021年4月8日時点で，テザーの時価総額は，ビットコイン，イーサおよびバイナンスコインに次ぐ4番目で，約4.7兆円である。これに対して，過去24時間の取引額では，ビットコインの約7.8兆円を凌ぐ約17.6兆円で暗号資産の中でトップの取引額となっている。このテザーの取引額を時価総額で除した資産回転率を測ると約3.7倍となっている。

　言い換えると，1日で資産全体が3.7回入れ替わるほど取引されていることになる。例えば，先ほどのトヨタの例でいうと2021年4月9日の売買代金は約508億円であり，時価総額の約27.5兆円弱で除すると，およそ1.8％にしかならない。ビットコインの資産回転率（2021年4月8日時点で6.7％）でさえ，現物資産と比較すれば相当大きな数字だが，テザーの資産回転率は回転速度を高めやすいデジタル資産であることを考慮しても突出している。この回転率は，テザーが決済トークンとしての機能を十分に果たしている証左といえる。

　こうしたテザーに関連する取引額の急拡大は，前述したように，2019年以降の暗号資産市場における取引額が2017年から2018年にかけての急騰・急落期を超える大きな要因となっている。このことは，暗号資産を活用したビジネスを検討する上でも重要な示唆がある。すなわち，テザーの取引額の拡大は，暗号資産市場の世界で決済を担うトークンが生まれ，決済トークンとデジタル資産の交換が多数成立する一定の経済圏が構築されるようになっているということを示唆している。

　2点目は，多くのステーブルコインが開発される中で，テザーがその取引額において他を圧倒し続けているという事実である。テザーには，裏付けとなっているはずの米国ドルの保管状況が不透明であるといった指摘が多く聞かれる。保管に係る事実は定かではないが，裏付け資産の保全状況に係る情報提供や保全方法の堅牢性等においてテザーより優れているとされる後発の米国ドルに連動するステーブルコインでさえ，依然としてテザーの取引額を上回っていない。

　このことは，一度流動性のあるステーブルコインとして認知され，多数の市場参加者が使用するようになると，テザーの利用を前提としてシステムなどが構築され，取引相手がテザーの受取りを求めるといった事情から，たとえ機能的に優れた後発ステーブルコインが出現してもテザーの地位を置き換えることが困難であることを示している。

(3)　暗号資産に係る主体

　法制度整備や認知度の向上につれて暗号資産を取引したりビジネスに用いたりする主体のすそ野は個人から法人へと着実に拡大するとともに，資産保全や決済など暗号資産の用途も広がりをみせている。ここでは，近年暗号資産の取引主体として個人に代わって存在感を高めている海外機関投資家および法定通貨のインフレヘッジとして資産価値を見出している海外上場企業や暗号資産の決済への利用を決断した海外大手決済サービス事業者等を例として取り上げて考察する。

①　個人投資家

　暗号資産市場における取引について個人と法人を分ける統計は少ないが，ビットコインが登場して以来，その後生まれた暗号資産を含めて，2018年ピーク時までの売買の中心は個人であったと考えて差し支えない。2018年ピーク時以降，大幅な価格下落を踏まえて個人投資家による取引は下火になったとの指摘もあるが，統計をみる限りにおいては底堅く推移しているといえる。

　また，日本国内の暗号資産交換所の場合，暗号資産交換業者に係る自主規制団体である一般社団法人日本暗号資産取引業協会（JVCEA）の統計によると口座開設者の99％は個人であり，その統計は個人投資家の動向を示しているといえる。なお，現在は個人と法人の内訳については公表されていない。

| 図表 2 − 7 | 国内暗号資産交換所における設定口座数および稼働口座数 |

（カッコ内は，うち証拠金取引）

	2019年3月末	2020年3月末	2021年2月末
設定口座			
個人	2,839,653(2,081,767)	3,302,864(2,417,536)	
法人	13,976(9,649)	15,482(10,518)	
合計	2,853,629(2,091,416)	3,318,346(2,428,054)	4,129,383(2,083,552)
稼働口座			
個人	1,785,340(521,272)	1,985,322(541,967)	
法人	9,394(3,183)	9,777(2,804)	
合計	1,794,734(524,455)	1,995,099(544,771)	2,460,230(548,568)

（出所：一般社団法人日本暗号資産取引業協会による統計資料）

　JVCEAの統計によると，2018年ピーク時以降も暗号資産については，**図表2−8**のように，入金額が出金額を上回る状況が続いている。また，取引額も高水準を維持している。

| 図表 2 − 8 | 入出金および取引額の推移（単位：億円） |

	2015年度	2016年度	2017年度	2018年度	2019年度
入金額	35.50	510.07	19,173.57	17,878.18	13,385.55
出金額	29.04	351.60	8,666.72	16,593.09	12,754.56
現物取引	607.00	15,369.00	127,140.00	94,138.36	76,552.34
証拠金取引	270.00	19,790.00	564,325.00	765,300.60	692,100.49

（出所：一般社団法人日本暗号資産取引業協会による統計資料）

　暗号資産の取引が個人投資家にまで広がるためには，投資家保護に係る規制と歩調を合わせつつ，馴染みのある投資信託やETF（上場投資信託）といった金融商品に組み入れられていくかどうかが1つの鍵となる。この点，主要国の中では2021年カナダで相次いでビットコインETFが上場したほか，米国でも継続的にETFの認可を求める申請がSEC（米国証券取引委員会）に提出されている。

　こうした金融商品自体はデジタル資産ではないものの，デジタル資産に投資する金融商品の開発は，ファンドの組成や暗号資産の出し入れ，基準価格の算出など付随するビジネスを含めたエコシステムが構築されることにつながる。リテール投資家の暗号資産への投資アクセスを容易にすることはエコシステムが構築されることを通じてデジタル資産に係るビジネスにとっても良い影響をもたらすと考えられる。

②　海外機関投資家

　暗号資産市場への機関投資家の参入は，日本国内ではあまり実感できないものの，世界的には着実に進んでいる。具体的には，株式や債券といった伝統的な資産とは異なるパフォーマンスを示す傾向が強い[(4)]といった特性から，ビットコイン等の暗号資産は投資対象とみなされ資産ポートフォリオの一角を占める形で投資が行われることが増えている。

　暗号資産の金融商品化が進展する端緒となったのが米国の取引所によるビットコイン等の先物取引の導入である。2017年12月にシカゴ・オプション取引所（CBOE）やシカゴ・マーカンタイル取引所（CME）が相次いでビットコインの先物を上場させ，機関投資家による現物ポジションのヘッジや先物を使ったビットコイン等の暗号資産価格に連動するファンドの組成が可能になった。

　機関投資家のような大口の資金を運用する投資家の投資対象となりうる暗号資産はそれほど多くない。時価総額で上位5つの暗号資産だけですべての暗号資産の時価総額合計の76％を占めている。つまり，数多くの暗号資産が生み出されているものの，一定の時価総額を形成しているのは，ごく一部の暗号資産に限られているということになる。

　暗号資産に投資するファンドは存在するが，多くは公開情報が限られているヘッジファンドや私募ファンドである。その中で，2013年に開始したビットコイン投資信託（GBTC）等を運営するグレイスケール（Grayscale）社がSECに提出している資料によると，ビットコインに投資する同社のファンドへの資

[(4)]　他の資産との相関については計測対象期間の設定等により連動性が高まったり逆相関が強まったりするため，継続的に安定した相関関係を示しているわけではない。

金流入は続いており、保有するビットコイン数では2019年末の26万強から、2020年末の60万強と2020年に入ってから急速に増加しているとされている。また、資金流入額に近似するビットコインコストの増加をみると、2019年末の8.4億ドルから2020年末の55.4億ドルと約47億ドル増加しており、急激な資金流入が発生したことがわかる。

グレイスケール社は、流入する資金の85％は機関投資家であるとコメントしており、機関投資家がビットコインへの投資を拡大させていることがわかる。

| 図表2－9 | グレイスケール社ビットコインファンドの推移 |

	保有ビットコイン数	コスト（百万ドル）	時価（百万ドル）
2019年12月末	261,192	839	1,866
2020年3月末	304,631	1,223	1,972
2020年6月末	386,723	1,972	3,532
2020年9月末	449,791	2,685	4,816
2020年12月末	607,039	5,543	17,716

（出所：グレイスケール社2020年年次報告書）

③ 上場企業によるビットコインの保有

ナスダック（NASDAQ）上場企業であるマイクロストラテジー（Micro Strategy）社は、2020年8月から9月にかけて4.25億ドルでビットコインを購入したことを公表した。同社CEOのマイケル・セイラー（Michael J. Saylor）氏は、「ビットコインへの投資は、株主の長期的価値を最大化するための新たな資本政策の一環である」と述べている。同社はその後も、転換社債等で資金調達しながらビットコインへの投資を続けており、2020年12月末現在で時価総額14億ドル以上のビットコインを保有している。

マイクロストラテジー社の2020年年次決算によると、2019年12月末現在および2020年12月末現在の現金および現金同等物、デジタル資産ならびに総資産は、図表2－10のとおりとなっている。

図表 2 － 10	マイクロストラテジー社の保有資産(抜粋)(単位：百万ドル)	
	2019年12月末	2020年12月末
現金および現金同等物	456	59
デジタル資産	0	1,054
総資産	916	1,465

(出所：マイクロストラテジー社2020年年次報告書)

　この「デジタル資産」は，すべてビットコインである。したがって，マイクロストラテジー社の総資産の約７割がビットコインということになる。同社の株式に投資するということは半分ビットコインに投資しているのに近いということになる。

　ニューヨーク証券取引所（NYSE）上場企業であるスクウェア（Square）社は，2020年10月ビットコインを5,000万ドル購入したと公表した。スクウェア社はビットコインの購入について，「我々は暗号通貨へのさらなるコミットメントとして5,000万ドルをビットコインに投資し，長期保有する」と語っている。

　ナスダック上場企業で電気自動車メーカーのテスラ（Tesla）社は，2020年の年次報告書の中で後発事象として2021年１月に投資方針を変更し，ビットコインに15億ドルを投資したことを公表した。また，同社製品の購入代金の支払にビットコインを利用できるようにすることも公表し，実際に同社の電気自動車をビットコインで購入可能とすることを2021年３月に公表した。

④　決済サービス事業者

　全世界に３億人のユーザーを抱える決済サービス事業者のペイパル（PayPal）社は，2020年10月同社のアカウント保有者に対して数種類の暗号資産の売買を可能にする新サービスを開始し，2021年の早い時期に同社の2,600万の加盟店での支払への暗号資産の利用を可能にすることを公表した。実際，同社は2021年３月に米国の利用者を対象として暗号資産を支払に利用できるサービスを開始した。

　このように，これまで限定的なケースに限られていたビットコイン等の暗号資産を用いた決済が身近なものになる可能性が出てきた。実際の暗号資産を用

いた決済サービスの提供にあたっては，国ごとの規制を遵守する必要があるほか，税制面でのデメリットも考えられることから，暗号資産決済が一気に普及するかどうかは不透明ではあるが，多くのユーザーに暗号資産決済の選択肢が提示されることは，顧客認知や顧客体験の観点から大きな意味を持つと考えられる。

(4) 暗号資産に係る取引
① 国内の現物取引

2021年5月末日現在，金融庁には暗号資産交換業者が27社登録され，取り扱っている暗号資産は30種類となっている。また，日本暗号資産取引業協会から公表されている統計によると，2020年1月から10月の月次の現物取引金額は，平均7,000億円であったところ，同年11月から月を追うごとに現物取引額は拡大し，2021年2月の現物取引金額は4.1兆円となっている。

2021年2月のビットコインの取引金額は2.7兆円であり全体の64％を占めている。ビットコインに次ぐ取引金額となっているのは，イーサの4,727億円，リップルの4,461億円となっている。テザーといった流動性の高い暗号資産や多様な暗号資産が取り扱われていないこともあるが，海外と比べると全体としてビットコインに取引が集中する傾向がある。

国内の登録暗号資産交換業者が取り扱える暗号資産の種類は，海外の暗号資産交換所と比べると極めて限られた数となっている。これは法規制上，国内の暗号資産交換業者は，取り扱う暗号資産について当局に事前届出をすることになっているほか，取り扱うための審査体制など厳格な運用が求められていることが背景の1つとなっている。

前述のように，デジタル資産は多種多様な価値や権利を表章することが可能である。一方で，トークンの法律的位置付けが不明瞭なケースは少なくない。そうした中で，「暗号資産」に該当する場合に発行や販売に関する規制が著しく厳格となる運用は，「暗号資産」の該当性に関して過度に保守的に対応する事態を招き，セキュリティトークンやステーブルコイン，NFTなど「暗号資産」に該当しないトークンを活用しにくくなるとの指摘もある。これは，国内におけるデジタル資産の市場の発展にも大きな影響を与えると考えられること

から，利用者保護を図ることを前提としながらも様々なデジタル資産が創意と工夫により作成されるイノベーションとのバランスについて検討する余地はあるとの指摘もされている。

②　暗号資産デリバティブ取引

　JVCEAの統計によると，2020年 1 月〜10月の証拠金取引金額は，平均で月 5 兆円であるのに対して取引金額が増え始めた2020年11月から2021年 2 月までの 4 か月間の平均証拠金取引金額は13.9兆円と現物取引同様2020年11月以降急激に取引金額が拡大している。

　2020年 5 月に施行された金融商品取引法の改正により，証拠金取引も規制対象となり，証拠金倍率が原則として上限 2 倍と厳格化された。国内の月次の証拠金取引金額は，2020年 1 月以降現物取引金額と比べるとおおよそ 5 倍から10倍の金額で推移しているが，証拠金倍率の低下による顧客離れや規制遵守コストの増加を受けて証拠金取引の提供をやめる暗号資産交換業者が現れること等から，証拠金取引金額については，当面拡大を抑制される可能性がある。

　こうした動きに対して，海外では2017年12月に伝統的な金融関連デリバティブ取引を取り扱うCME等がビットコインの先物を導入し，その後も複数の暗号資産関連デリバティブ取引を扱う取引所が現れるなど，デリバティブの世界において従来の金融業界のプレーヤーによる暗号資産関連ビジネスの展開が進んでいる。

　このように，国によっては，暗号資産に係るデリバティブ取引の存在が，前述の機関投資家の参入の一助となっているほか，ファンドの組成を促している側面もある。他方，国内では従来の金融機関が暗号資産を手掛けることについて監督指針等により慎重な検討が求められており，リテール投資家向けの投資信託やETFの提供が事実上不可能となっている。

③　暗号資産のレンディング

　暗号資産の貸付（レンディング）は，利用者が保有している暗号資産を暗号資産取引所等に貸し付けて，貸出期間と貸付数量に応じた利息相当分を暗号資産または法定通貨で得るサービスである。このように，暗号資産交換業者が新

たなサービスとして顧客にレンディングサービスを提供するケースが増えてきている。また，近年では，DeFiを通じたピア・ツー・ピアでのレンディングも拡大している。

　暗号資産のレンディングの拡大は，レンディングというビジネスが生まれるということ以外に暗号資産に係るビジネスを考える上で大きく2つの影響がある。1つは，金利が付くことで暗号資産の余剰を抱える主体から暗号資産が不足している主体への移転がより円滑に行われる環境が整備されてきたということである。

　もう1つは，暗号資産の流動性を拡大させる余地が広がったということで，特に，流動性が求められるビジネスを展開することが容易になったということができる。これによって，例えば，ビットコインを決済手段として利用しようとする場合に，流通するビットコイン量を増やす上でネックとなっていた，売却せずビットコインを保有し続ける利用者が多く存在するという課題を解決できる可能性がある。

④　マイニング

　すでに述べたようにビットコインは，信頼できるデータ管理者を置く代わりにプルーフ・オブ・ワーク（POW）と呼ばれるコンセンサスアルゴリズムを採用している。ビットコインのブロックチェーンではおよそ10分ごとに取引（トランザクション）の記録がブロックとして生成されその取引が承認され，過去から連なるブロックにチェーンのように新しいブロックがつながっていく。

　ネットワーク参加者の誰でもこの取引承認を行い報酬としてビットコインを入手することができる。このブロックを生成し取引を承認することで報酬を得ようとする行為を「マイニング」と呼び，行為を行う者を「マイナー」と呼ぶ。

　マイニングには，「ハッシュ関数」という不可逆的な一方向関数を使う。新しいブロックを生成したマイナーは，取引データをハッシュ化し，生成されたハッシュ値をブロックに書き込んでいき，すべてのハッシュ値の書込みが終わると，トランザクション（取引）が終了する。

　マイニングも1つのビジネスとして成り立っており，ビットコインの取引承認という重要なエコシステムを担っている。マイニングの方法には，主として

ソロマイニング，プールマイニング，クラウドマイニングの 3 種類がある。

　ソロマイニングとは，単独でマイニングを行う仕組みであり，成功すると大きな収入を得ることができるが，収益は安定しない。他方，プールマイニングとは，グループでマイニングを行う仕組みで，報酬を分配するため収益が安定しやすくなる。一方で，計算能力を得るための投資は引き続き必要となる。また，クラウドマイニングとは，マイニングを行う主体に出資し，その主体が得た報酬を出資持ち分に応じて受け取る仕組みである。この場合，マイナーは，自己資金以外の外部から資金調達をすることで計算能力の向上に必要な投資が行いやすくなる。

⑤　ステーキング

　POWは，膨大な計算処理能力を得るために多くの電力を消費する。また，高い計算処理能力を得るために多額の投資が必要となり，投資負担に耐えられる事業者によるマイニングの寡占化が懸念されている。このような課題を解決するために考えられたのが，プルーフ・オブ・ステーク（POS）というコンセンサスアルゴリズムである。

　POSでは保有する暗号資産の量によって取引（トランザクション）の承認者が決まる。このとき，ただ保有するだけではなく，ブロックチェーンネットワークに保有する暗号資産をロック（ステーク）する必要がある。ステーキングは，暗号資産をロック状態にしてブロックに追加するデータの承認などの面でネットワークの維持に関わる見返りとして，その報酬を暗号資産で受け取る仕組みである。

　POSを採用している主要な暗号資産はなく，イーサリアムがPOSへの移行を目指している。ただし，先述のデリゲート・プルーフ・オブ・ステーク（DPOS）を採用しているリスク（Lisk）については，2020年 1 月に，国内の暗号資産交換業者がステーキングサービスを開始している。

　これまで，暗号資産を資産として運用する場合には，長期保有するか，アービトラージ取引や，タイミングをみた売買が中心であった。これに対して，ステーキングは，長期保有して資産を動かさずとも暗号資産を増やすことができる資産運用方法であり，事前に収益の予測を立てやすい。ステーキングの登場

により，そこまで大きなリスクを冒さなくとも暗号資産を増やすことができるようになり，ステーキングを採用するプラットフォームの数が増えてきている。

③──ステーブルコイン／CBDC

(1)　ステーブルコイン
①　ステーブルコインとは

　ステーブルコインとは，法律上は特に定義等は存在しないものの，一般に，法定通貨または法定通貨建ての資産もしくはそれらのバスケットに対して価値が連動するよう設計されたブロックチェーン上で発行されるトークンをいう。ステーブルコインの定義および法的性質の詳細については**第3章①(4)**を参照されたい。

②　ステーブルコインの類型

　前記のとおり，ステーブルコインについて法令上の定義等は存在せず，また，現時点において，国際的に確立した共通の定義・判断枠組み等は見当たらない。
　この点，金融安定理事会（Financial Stability Board：FSB）が公表した"Regulatory issues of stablecoins"（18 October 2019）および国際決済銀行（BIS）決済・市場インフラ委員会（Committee on Payments and Market Infrastructures：CPMI）が公表した"Investigating the impact of global stablecoins"（18 October 2019）は，ステーブルコインについて，その利用者や流通範囲に応じて分類している。具体的には，誰もが利用することができるリテール型のステーブルコインと，金融機関を中心とする限定的なプレーヤーのみが利用することができるホールセール型とに分類する。また，その流通が国内や一部の国・地域に限定されているステーブルコインと，すでに構築された世界的なネットワークを活用して全世界で流通されうるグローバル・ステーブルコインとに分類する。
　なお，2020年10月13日，FSBは，2020年4月より実施された市中協議を踏まえ，「『グローバル・ステーブルコイン』の規制・監督・監視－最終報告とハイレベルな勧告」（Regulation, Supervision and Oversight of "Global Stablecoin"

Arrangements - Final Report and High-Level Recommendations）を公表した。
当該報告書によれば，グローバル・ステーブルコインは，決済を効率化し，金融包摂をもたらす可能性がある一方，潜在的に複数法域にまたがって広く利用されうる特性を持ち，特に大規模に利用されるようになった場合，金融安定上のリスクを生じさせる可能性があることから，業務を開始する前に，適用されうるすべての規制上の基準を遵守し，金融安定上のリスクに対応するほか，必要に応じて新たな規制要件に適応することが期待されている，とする。そして，FSB は，G20の要請を受けたクロスボーダー送金改善に向けた作業行程における主要な要素として，以下のさらなる活動について合意した。

- 2021年12月までに，国際基準設定に係る作業の完了。
- 2021年12月までに（また，市場の発展を踏まえ，必要性に応じて）当局間の協力体制の確立，または必要に応じた調整。
- 2022年 7 月までに（また，市場の発展を踏まえ，必要性に応じて）各国における，FSBの勧告や国際基準・指針と整合的な規制・監督・監視の枠組みの確立，または必要に応じた調整。
- 2023年 7 月までに，本勧告や国際基準の実施状況のレビュー，および国際基準の精緻化や調整の必要性に関する評価。

③　海外における動向

　中央銀行以外の民間部門が発行するステーブルコインのうち，代表的なものとして，テザー，USDC，PAX，BUSD，TUSD，ダイなどが挙げられる。これらのステーブルコインの発行体および時価総額（2020年12月時点）の概要は以下の**図表 2 −11**のとおりである。

| 図表 2 −11 | 主要なステーブルコインの概要 |
| | |

ティッカーコード	発行体	時価総額
テザー	Tether Limited	198億ドル
USDC	Circle	32.8億ドル
PAX	Paxos Trust Company, LLC	3.8億ドル
BUSD	Binance	6.6億ドル
TUSD	Trust Token	2.8億ドル
ダイ	MakerDAO	10億ドル

（出所：CoinGeckoより引用し，筆者にて修正。）

　これらのステーブルコインは，ダイを除き，いずれも利用者から預けられた法定通貨（米ドル）を裏付けに，同額のステーブルコインが発行される仕組みを採用しており，米ドルの価額と一致するよう設計されている。現時点においては，時価総額および取引高に鑑みると，テザーが支配的なステーブルコインであり，それにUSDCが続いている状況といえる。

　もっとも，テザーについては，テザー発行の裏付けとなる米ドルが発行済みのテザー総額に不足しているのではないかとの懸念や，ビットコインの市場価格の操作に使用されているのではないかとの疑念が抱かれており，今後の動向に注視する必要がある。これらの法定通貨を裏付けとするステーブルコインに対して，ダイは，法定通貨を裏付け資産とするのではなく，イーサやUSDCなど，他の暗号資産やステーブルコインを裏付け資産としつつ，法定通貨と連動した価格設定を目指していることが特徴といえる。また，ダイは，**第3章**①(4)④にて後述する，暗号資産を活用した分散型金融システムであるDeFi（Decentralized Finance）において基軸通貨のように利用されていることも特徴といえる。

　なお，Facebookが主導するグローバル決済システム「リブラ」において，リブラ協会が発行するステーブルコイン「リブラコイン」は，その構想が発表された2019年6月時点では，複数の法定通貨と国債などで構成されるバスケットに裏付けられたステーブルコインとされていた。2019年6月時点でのリブラのスキームは**図表2−12**のとおりである。

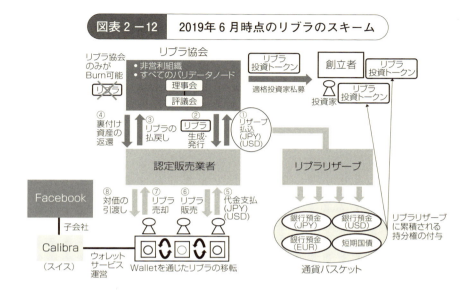

図表 2 －12　2019年 6 月時点のリブラのスキーム

　もっとも，リブラの構想の発表後，各国政府や当局から様々な批判に直面したことから，2020年 4 月，変更案が発表された。変更案では，リブラ協会は依然としてバスケット型のステーブルコインの発行計画も維持するものの，各国の法定通貨をベースにしたそれぞれのステーブルコインを異なる市場で発行することとされている。そして，2020年12月 1 日，リブラ協会は，同協会が開発を進めるステーブルコインの名称をディエム（Diem）に変更し，協会名もディエム協会に変更する旨が発表された。ディエムは単一通貨の価値に連動するものとして設計され，まずは，米ドルの価値に連動するディエムドル（Diem Dollar）を2021年に発行することを目指すとのことである。

④　日本における動向

　2019年12月，GMOインターネット㈱は，発行する日本円ペッグのステーブルコイン「GMO Japanese YEN」（GYEN）に係るプレスリリースを発表した。ただし，日本法との関係から，日本ではなく，海外での提供を目指すこととされている。

　また，2020年 6 月，ソラミツ㈱，㈲スチューデントライフサポート（SLS社），

㈱AiYUMUは，ブロックチェーン「ハイパーレジャーいろは」を活用し，トークン型のデジタル地域通貨「Byacco/白虎」を開発し，2020年7月1日から福島県会津若松市の会津大学内で正式運用を開始する旨のプレスリリースを発表した。なお，Byaccoの発行者はSLS社であり，Byaccoを利用できる店舗もSLS社が管理しており，自家型前払式支払手段（資金決済法3④）として発行されることとされている。

(2)　CBDC
①　CBDCとは

　CBDC（Central Bank Digital Currency）とは，法令等に定義されていないが，2019年9月に公表された中央銀行デジタル通貨に関する法律問題研究会「『中央銀行デジタル通貨に関する法律問題研究会』報告書」（以下「中央銀行デジタル通貨に関する法律問題研究会報告書」という）や，2020年10月に公表された日本銀行「中央銀行デジタル通貨に関する日本銀行の取り組み方針」（以下「中央銀行デジタル通貨取り組み方針」という）によれば，民間銀行等が中央銀行に保有する当座預金とは異なる，新たな形態の電子的な中央銀行マネーをいう。なお，中央銀行デジタル通貨に関する法律問題研究会報告書は，日本におけるCBDCとは，資金決済法上の暗号資産の定義を参考に，①中央銀行である日本銀行が発行する，②電子的に記録・移転することができる財産的価値であって，③円建てであり，④不特定の者を相手方として代価の弁済に使用することができるもの，と定義することができる，とする。

②　CBDCの類型

　海外のCBDCに関する検討資料をみると，CBDCの発行形態について，「口座型」と「トークン型」という分類が用いられることが多いが，そうした分類が意味するところは必ずしも一様ではない。また，CBDCの活用方法，既存の金融・経済構造および法的枠組みは多様であることから，CBDCの設計も多様である。

　この点，CPMI（のMarkets Committee）が公表した“Central bank digital currencies”12 March 2018（以下「CPMI-MC報告書」という）は，CBDCを，①一

般向け（general purpose）と②大口向け（wholesale）に分類するとともに，マネーを，（ⅰ）発行者（中央銀行／それ以外），（ⅱ）形式（デジタル／物理的），（ⅲ）アクセス性（一般向け／特定向け），（ⅳ）技術（トークン／それ以外）の観点から整理している（**図表 2 −13**「マネーフラワー」参照）。

これに対して，中央銀行デジタル通貨に関する法律問題研究会報告書は，CBDC を「民間銀行等が中央銀行に保有する当座預金とは異なる，新たな形態の電子的な中央銀行マネー」と定義し，「アクセス可能な主体の範囲」（accessibility）という観点から，CBDC を，①民間銀行等の金融機関間の資金決済を目的とする，利用者を限定した電子的な中央銀行マネー（ホールセール型CBDC）と，②個人や企業等を含めた幅広い主体による利用を想定した電子的な中央銀行マネー（一般利用型 CBDC）とに大別する。

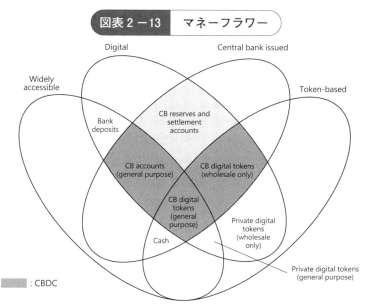

図表 2 −13　マネーフラワー

Notes: The Venn-diagram illustrates the four key properties of money: *issuer* (central bank or not); *form* (digital or physical); *accessibility* (widely or restricted) and *technology* (account-based or token-based). *CB* = central bank, *CBDC* = central bank digital currency (excluding digital central bank money already available to monetary counterparties and some non-monetary counterparties). *Private digital tokens (general purpose)* include crypto-assets and currencies, such as bitcoin and ethereum. *Bank deposits* are not widely accessible in all jurisdictions. For examples of how other forms of money may fit in the diagram, please refer to the source.

Source: Based on Bech and Garratt (2017).

（出所：CPMI-MC報告書 5 頁）

| 図表2-14 | ホールセール型CBDCおよび一般利用型CBDCの区分 |

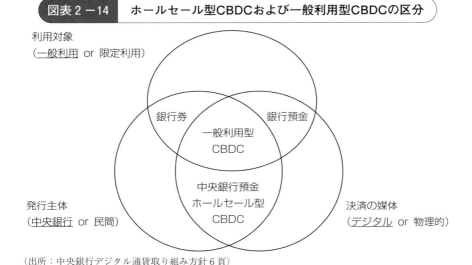

利用対象
(一般利用 or 限定利用)

銀行券　　銀行預金

一般利用型
CBDC

中央銀行預金
ホールセール型
CBDC

発行主体
(中央銀行 or 民間)

決済の媒体
(デジタル or 物理的)

(出所:中央銀行デジタル通貨取り組み方針6頁)

　ホールセール型CBDCおよび一般利用型CBDCの区分については，**図表2-14**を参照されたい。

　また，中央銀行デジタル通貨に関する法律問題研究会報告書は，一般利用型CBDCについて，発行形態に応じて，口座型/トークン型に分類する。口座型CBDCとは，一般利用者が中央銀行に開設した口座(中央銀行口座)を通じて保有する預金債権であって，一般利用者の中央銀行に対する支払指図に基づく口座間の振替によってその移転を実現するものをいう。トークン型CBDCとは，金銭的価値が組み込まれたデータ自体であって，当該データを排他的に支配する者が保有し，カードやスマートフォン等に記録されたデータの授受によってその移転を実現するものをいう。なお，トークン型CBDC，口座型CBDCにおける台帳の記入イメージは**図表2-15**のとおりである。

　さらに，中央銀行デジタル通貨に関する法律問題研究会報告書は，供給方式に応じて，CBDCを直接型/間接型に分類する。直接型とは，中央銀行が一般利用者に直接CBDCを発行する供給方式をいう。これに対して，間接型とは，後記の**図表2-16**のように，中央銀行が民間銀行等の仲介機関を介して一般利用者に供給する方式をいう。

　すなわち，日本における一般利用型CBDCは，発行形態および供給方式の観点から，**図表２－17**の４つのモデルに分類することができる。

図表２－15	トークン型CBDC，口座型CBDCにおける台帳のイメージ

【口座型】ユーザーごとに保有残高を紐付け

保有者	公開ID（口座番号）	保有残高（円）
日銀 太郎	88-228-504	100,000
米銀 花子	41-923-016	5,000
英銀 一郎	19-911-668	23,000
独銀 次郎	21-291-996	380,000
仏銀 桃子	07-79-7952	15,000

合計　523,000

【トークン型】トークンごとにユーザーを紐付け

トークン（円）	公開ID（公開鍵）	保有者（台帳に記録されない）
40,000	25B48BA…	日銀 太郎
60,000	F13EFE2…	〃
5,000	3EF3520…	米銀 花子
20,000	E921934…	英銀 一郎
3,000	2530CCA…	〃
100,000	1BC41E5…	独銀 次郎
200,000	1C30EC1…	〃
80,000	E72974F…	〃
15,000	1F5AC60…	仏銀 桃子

合計　523,000

（出所：2020年７月日本銀行決済機構局「中銀デジタル通貨が現金同等の機能を持つための技術的課題」6頁）

図表２－16	間接型CBDCのイメージ図

「間接型」の発行形態

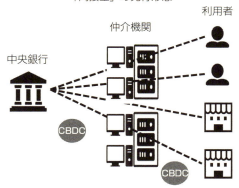

（出所：2020年10月日本銀行「（参考）取り組み方針のポイント」2頁）

図表2－17	日本における一般利用型CBDCのモデル

発行形態 ＼ 供給方式	直接型	間接型
口座型	一般利用者が中央銀行口座を通じて保有する預金債権であって，一般利用者の中央銀行に対する支払指図に基づく口座間の振替によってその移転を実現するものであり，中央銀行が一般利用者に直接CBDCを発行する。	一般利用者が中央銀行口座を通じて保有する預金債権であって，一般利用者の中央銀行に対する支払指図に基づく口座間の振替によってその移転を実現するものであり，中央銀行が民間銀行等の仲介機関を介して一般利用者に供給する。
トークン型	金銭的価値が組み込まれたデータ自体であって，当該データを排他的に支配する者が保有し，カードやスマートフォン等に記録されたデータの授受によってその移転を実現するものであり，中央銀行が一般利用者に直接CBDCを発行する。	金銭的価値が組み込まれたデータ自体であって，当該データを排他的に支配する者が保有し，カードやスマートフォン等に記録されたデータの授受によってその移転を実現するものであり，中央銀行が民間銀行等の仲介機関を介して一般利用者に供給する。

　これら4つのモデルそれぞれについて，以下の**図表2－18**のように整理することができる。

図表2－18	CBDCの各モデルイメージ

【モデル1】口座型・直接型　　　　　【モデル2】トークン型・直接型

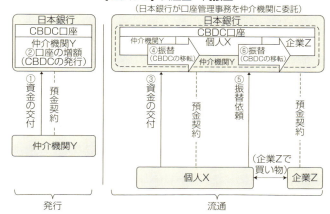

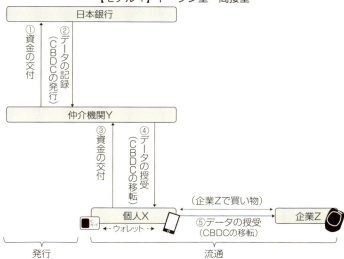

（出所：日本銀行『中央銀行がデジタル通貨を発行する場合に法的に何が論点になりうるのか：「中央銀行デジタル通貨に関する法律問題研究会」報告書の概要』）

③　海外における動向

　中央銀行が一般利用型CBDCを発行する動機は様々であり，世界の中央銀行がCBDCについて検討を進めている中，ブロックチェーンをCBDCの基盤技術

として検討する国も現れている。この点，BISが，世界66か国の中央銀行を対象として実施した年次調査に関し，2020年１月に公表した"Impending arrival - a sequel to the survey on central bank digital currency"によれば，**図表２－19**のとおり，一般利用型CBDCについては，約10％の中央銀行が，３年以内のうちにCBDCの利用が実現する可能性が高いと回答しており，約20％は６年以内には実現する可能性が高いと回答している。

図表２ー19　各国中央銀行におけるCBDCの実現可能性

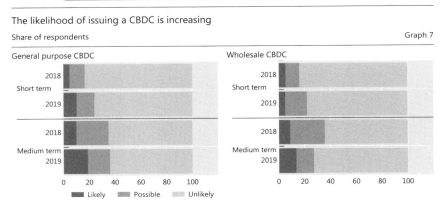

The likelihood of issuing a CBDC is increasing

Short term: 1–3 years and medium term: 1–6 years. "Likely" combines "very likely" and "somewhat likely". "Unlikely" combines "very unlikely" and "somewhat unlikely".

Source: Central bank survey on CBDCs.

（出所：BIS "Impending arrival - a sequel to the survey on central bank digital currency" 7頁）

　このように，CBDCの研究は各国中央銀行において活性化してきているものの，その方向性は各国の事情に応じて多様である。例えば，新興国では，金融包摂，国内決済の効率性，金融政策などに対する関心が高く，一般利用型CBDCの検討が進められている一方，先進国では，国際決済の効率化や分散型台帳技術の金融市場インフラへの応用など，主にホールセール型CBDCを対象とする検討が進められている。ただし，先進国の中でも，キャッシュレス化が進むスウェーデンや英国などでは，新興国と同様，一般利用型CBDCの研究が進められているなど，各国の事情によって方向性は異なる。

　主要中央銀行であるスウェーデン国立銀行（リクスバンク），イングランド銀行，スイス国民銀行，欧州中央銀行および日本銀行，ならびに米国および中国におけるCBDCの検討状況は，概要，以下の**図表2－20**のとおりである。

図表2－20	**主要中央銀行におけるCBDCの検討状況の概要**

中央銀行	デジタル通貨	発行計画	発行タイプ	検討内容
スウェーデン国立銀行（リクスバンク）	e-krona	2021年頃	一般利用型	• 2016年「e-krona」公表 • 2017年「e-krona project」開始 • 2019年技術面のプロジェクト公表
イングランド銀行（BOE）	RScoin	—	一般利用型	• 2015年CBDC発行を重要な政策課題として位置付け • 2016年ロンドン大学の研究者が「RSCoin」を提案
カナダ銀行（BOC）	CAD-coin	—	ホールセール型／一般利用型	• 2016年民間企業と共同で分散型台帳技術を用いた実証実験「Project Jasper」を開始 • 2019年シンガポール通貨金融庁と国境を越えた「Jasper-Ubin Project」を実施
スイス国民銀行（SNB）	e-franc	—	ホールセール型	• 2018年「e-franc」の調査開始 • 2019年SNB，BIS，スイス証券取引所が共同研究を開始 • 2019年12月「e-franc」の報告書を公表
欧州中央銀行（ECB）	—	—	ホールセール型	• 2016年BOJと共同で分散型台帳技術に関する共同調査プロジェクト「Project Stella」を開始 • 2017年共同調査報告書（Ⅰ）を公表 • 2018年共同調査報告書（Ⅱ）を公表 • 2019年共同調査報告書（Ⅲ）を公表
日本銀行（BOJ）	—	2021年早期に実証実験開始	ホールセール型／一般利用型	• 2016年ECBと共同で分散型台帳技術に関する共同調査プロジェクト「Project Stella」を開始 • 2019年「中央銀行デジタル通貨に関する法律問題研究会」報告書の公表 • 2020年10月「中央銀行デジタル通貨に関する日本銀行の取り組み方針」の公表

米連邦準備理事会 (FRB)	—	—	—	・2017年CBDC発行の可能性について検討していることを公表 ・2019年FRBとホワイトハウスは, 今後5年以内にCBDCを発行する必要はないとの認識を表明 ・2020年ブレイナード理事がデジタル通貨の可能性をFRBが検討していることを公表
中国人民銀行 (PBoC)	DCEP	2020年 実証実験 開始	一般利用型	・2014年CBDC専門の研究チームを組成 ・2016年DCEPの構想を公表 ・2016年12月民間企業との共同実験を完了 ・2017年デジタル通貨リサーチラボを設立 ・2019年国務院が研究支援の公式表明 ・2019年10月「暗号法」可決 ・2020年10月試験運用として広東省深圳市市民にDCEPを配布

（出所：鈴木智也「中央銀行デジタル通貨を巡る主導権争い―各国の最新動向と今後の動向」（ニッセイ基礎研究所報Vol.64，July2020）203頁を参照の上，筆者にて修正）

　スウェーデンでは，キャッシュレス化が進展した結果，従来の物理的な現金の利用が大きく減少して，その利用コストが極めて大きくなり，物理的な現金の持続可能性が近い将来なくなるであろうと判断されたことから，リクスバンクにより新たな支払手段として「e-krona」の開発が進められている。e-kronaの具体的な設計についてはいまだ不確定な部分が多いものの，一般利用型CBDCであり，24時間365日，リアルタイムで決済できるCBDCとなる見込みである。供給方式については口座型およびトークン双方を検討しているとされる。

　英国では，スウェーデンと同様，一般利用型CBDCの研究が進められている。2016年には，ロンドン大学の研究者が「RSCoin」の設計に関する論文を公表し，その後も金融政策や民間銀行に及ぶ影響などを評価した論文を多く公表してきている。また，2019年8月には，イングランド銀行のカーニー総裁が，ドルや円などの主要国通貨のバスケットで構成されたSynthetic Hegemonic Currencyを中央銀行のデジタル通貨ネットワークを通じて供給する構想を示している。

　カナダ銀行は，2016年，民間企業と共同で「Project Jasper」を実施し，分

散型台帳技術の金融市場インフラへの応用について検証を行った。また，シンガポール通貨金融庁と共同で実施した「Jasper ‐ Ubin Project」では，国内向け決済ネットワーク同士を接続してクロスボーダー決済が可能であるかの検証が行われた。

スイス政府は，2018年，連邦議会に「e-franc」のリスクと可能性を評価するように要請し，2019年12月に報告書を公表している。同報告書では，一般利用型CBDCについては新たなメリットはあまりないとする一方，ホールセール型については，取引，決済，管理の効率化に役立つ可能性があると評価している。

EUでは，欧州委員会が欧州中央銀行にCBDCの発行を検討するように求めるなど，CBDC研究に積極的に関与する姿勢を示している。欧州中央銀行がこれまでに実施してきた実証実験には，日本銀行と共同して実施した「Project Stella」がある。「Project Stella」では，2016年から3つのフェーズに分け，銀行間の資金決済の検証，証券と資金の授受等の検証，クロスボーダー決済の検証が行われてきた。2019年末には，欧州中央銀行にタスクフォースが設置され，将来のCBDC発行の可能性について検討していく方針を示している。

日本におけるCBDCの取組方針については，後述④を参照されたい。

米国では，2019年11月，米連邦準備制度理事会（FRB）のパウエル議長が，FRBはグローバルなデジタル通貨の動向は注視しているものの，CBDCに関するプロジェクトは計画していないと発言したり，2019年12月には，ムニューシン財務長官（当時）が「今後5年間は，FRBがCBDCを発行する必要性はない」との考えを示したりするなど，CBDCには慎重な姿勢を示している。もっとも，民間レベルにおいて，2020年5月30日，米国商品先物取引委員会（CFTC）のJ・クリストファー・ジャンカルロ元委員長とアクセンチュアが中心となって設立されたデジタルドル財団（Digital Dollar Foundation）から，デジタルドルについてのホワイトペーパーが公表されている。ただし，FRBのパウエル議長はCBDCとしてのデジタルドルの設計には民間部門の関与を不要とする意見を表明しており，デジタルドルに関する今後の動向はいまだ不透明である。

これに対して，中国のデジタル通貨への取組みは早期かつ積極的であり，2014年にデジタル人民元（Digital Currency Electronic Payment：DCEP）の

研究をする特別タスクフォースを結成し，デジタル通貨発行のフィージビリ
ティ・スタディを行ってきた。また，2015年，デジタル通貨の発行とオペレー
ションの枠組み，デジタル通貨の主要技術，デジタル通貨の発行と流通の環境，
デジタル通貨が直面する法的問題，デジタル通貨の経済および金融システムへ
の影響，中央銀行のデジタル通貨と暗号資産の関係等の研究を進めてきた。そ
して，2017年7月，「中国人民銀行デジタル通貨研究所」が設立され，ブロッ
クチェーンを含むデジタル通貨の適用技術の検証およびデジタル人民元の設計，
開発がスタートしている。なお，公表資料から推測されるDECPの発行スキー
ムは図表2−21のとおりである。

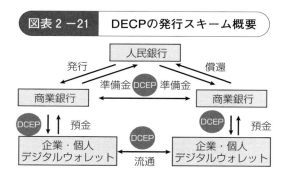

図表2−21　DECPの発行スキーム概要

中国では，習近平主席がブロックチェーンを「革新的技術の自主的なイノ
ベーションのための重要な突破口」と位置付けており，2019年10月には，新技
術の規制標準に関する法律「暗号法」を成立させるなど，DCEPの発行に向け
た準備を進めている。そして，2020年10月には，試験運用として広東省深圳市
市民にDCEPを配布している。

④　日本における動向

日本は，現金に対する信頼性が高く，直ちにCBDCを検討しなければならな
い状況にはないとするものの，技術革新の進展，諸外国の動向，社会的ニーズ
の急変に備えて，CBDCの研究開発を進めてきた。例えば，日本銀行は，これ
までに欧州中央銀行と共同して「Project Stella」を実施してきたほか，2019年

にはCBDC発行に係る法的論点等を整理した「中央銀行デジタル通貨に関する法律問題研究会報告書」を公表している。

　そして，2020年10月，「中央銀行デジタル通貨取り組み方針」において，日本銀行は，現時点でCBDCを発行する計画はないという従来の姿勢は維持しつつ，今後の様々な環境変化に的確に対応できるよう，個人や企業を含む幅広い主体の利用を想定した一般利用型CBDCについて，早期の実証実験も含め，より踏み込んだ検討を行うことを公表した（ホールセール型CBDCについては「中央銀行デジタル通貨取り組み方針」の検討対象とはなっていない）。「中央銀行デジタル通貨取り組み方針」によれば，一般利用型CBDCには，一般利用型CBDCが現金と並ぶ決済手段として機能すること，決済システム全体の安定性・効率性を高めるべく，民間決済サービスをサポートすること，一般利用型CBDCを発行した上で，民間事業者の創意工夫により様々なサービスを上乗せして提供することなどが期待されている。

　一方で，決済システム全体の安定性と効率性を確保するためには，一般利用型CBDCについて，中央銀行と民間事業者による適切な役割分担が必要と考えられる。そこで，一般利用型CBDCを発行する場合も，日本銀行当座預金と同様，中央銀行と民間部門の二層構造を維持することが適当とされ，**図表2－22**のとおり，「間接型」の発行形態を基本として考えられている。

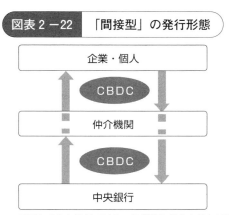

図表2－22　「間接型」の発行形態

企業・個人

CBDC

仲介機関

CBDC

中央銀行

（出所：「中央銀行デジタル通貨取り組み方針」11頁）

　間接型の発行形態を採用することにより，日本銀行が，CBDCというファイナリティのある中央銀行マネーを発行し，全体的な枠組みを管理するとともに，銀行等の仲介機関が，その知見やイノベーションを通じて利用者とのインターフェース部分の改善に取り組むことが，決済システム全体の安定性・効率性の向上につながると考えられる。また，CBDCに関する顧客との取引情報を新たなビジネスやサービスに活用することができるのであれば，銀行等にも仲介活動に参加するメリットがあると思われる。

　なお，間接型の発行形態の下で一般利用型CBDCを発行する場合，機能面やシステム面における基本的特性として，**図表２－23**のとおり，次のようなものが重要となる。

（i）　CBDCを使用するための端末，カード等について利用対象者を制限することがないよう，簡便性や携帯性に関する設計面での工夫が必要となるとともに，当該端末等を無料または十分安く入手できる**ユニバーサルアクセス**を確保すること

（ii）　偽造や不正利用を狙った外部からの攻撃に対する**セキュリティ**を具備すること

（iii）　エンドユーザーがCBDCを24時間365日，常に利用でき，システム・通信

| 図表２－23 | CBDCが具備すべき基本的な特性 |

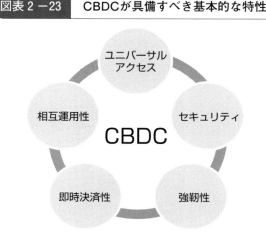

（出所：2020年10月日本銀行「（参考）取り組み方針のポイント」２頁）

障害や電力途絶といったオフライン環境下でも利用できる**強靱性**を確保すること

(iv)　現金と同様の中央銀行マネーとしての**即時決済性**

(v)　CBDCという決済手段を土台に民間事業者が様々な決済サービスを提供できるよう，CBDCを運営するシステムについては，民間決済システムなどとの**相互運用性**を確保していることや，将来の民間決済サービスの高度化などに適応するために柔軟な構造となっていること

　ただし，これらの基本的特性は相互にトレードオフとなる可能性があるため，すべてを完全に具備することは難しいと考えられる。そこで，CBDCを導入する場合でも，上記のうち，ユニバーサルアクセスや強靱性を確保するための取組みについては，今後の現金の利用状況に応じて段階的に進めていく可能性が示されている。

　「中央銀行デジタル通貨取り組み方針」によれば，一般利用型CBDCに関し，これまでのようなリサーチ中心の検討にとどまらず，図表2－24のとおり，2021年早期に概念実証（Proof of Concept）に着手し，CBDCの基本的な機能や具備すべき特性が技術的に実現可能かどうかを検証し，必要と判断されれば，

図表2－24	一般利用型CBDCの実証実験の流れ

概念実証フェーズ1	システム的な実験環境を構築し，CBDCの基本機能（発行，流通，還収）に関する検証を行う。→**2021年度の早い時期の開始を目指す。**
概念実証フェーズ2	フェーズ1で構築した実験環境にCBDCの周辺機能を付加して，その実現可能性などを検証する。
パイロット実験	概念実証を経て，さらに必要と判断されれば，民間事業者や消費者が実地に参加する形でのパイロット実験を行うことも視野に入れて検討。

（出所：2020年10月日本銀行「（参考）取り組み方針のポイント」3頁）

パイロット実験の要否について検討することとしている。

4 ——NFT

(1) NFTとは

NFTとは，ノンファンジブル・トークン（Non-Fungible Token）の略称であり，法令に定義は規定されていないものの，一般に，代替可能性のないブロックチェーン上のトークンをいう。NFTの定義および法的性質の詳細については第3章①(6)②を参照されたい。

NFT市場規模は，2019年度は200億円，2020年度は300億円程度にすぎず，暗号資産市場全体の1,000分の1程度にとどまる。もっとも，直近3年間でみると10倍に市場が拡大しており，また，後記のとおり，NFTアートの活況もあり，NFTの市場規模は2021年に入ってから急速に拡大している。

図表 2 −25 NFT市場規模

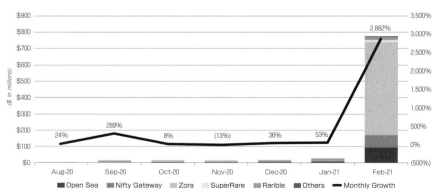

MESSARI

Sales Volume Grew 29x in February 2021

Sales Volume by Marketplace by month (US$ in millions) against month-on-month growth

Source: Dune Analytics (rchen8, SherbakovaMA, OxBoxer), Crypto Art Data, Messari

（出所：https://twitter.com/masonnystrom/status/1369666002129195010/photo/1）

⑵　NFTの活用事例

　NFTは，ブロックチェーン上のトークンというデジタルデータでありながら，トークンにユニークな値を付与することにより代替可能性がないという特徴を有することから，様々な分野で利用され始めている。現時点ではNFTが広く普及しているとはいえないが，以下に紹介するように，ユニークなゲームアイテムとして利用するだけでなく，コンテンツ会員権として利用したり，現物資産と紐付けて流動性を向上させようとしたりする事例も登場してきている。

①　ブロックチェーンゲームとNFT

　前記のとおり，NFTでは，同じものは存在せず，1つひとつのトークンが他のトークンと区別できる個性を有している。この性質を利用して，特定物や特定のデジタルアセットを，NFTに表章させて，ブロックチェーン上で取引できるようにすることができる。例えば，NFTを活用した新たなビジネスの1つとして，ゲーム内アイテムをブロックチェーン上で移転できるゲーム（以下「ブロックチェーンゲーム」という）が近時注目されている。例えば，ブロックチェーンゲームでは，従来のゲームと異なり，ユーザー自身が個性を持ったゲーム内アイテムやキャラクターをNFTとして保有・管理し，当該NFTをブロックチェーン上で自由に（言い換えれば当該ゲーム外でも）譲渡・売却できる。代表的なブロックチェーンゲームとしては，My Crypto Heroes，Crypto Spellsなどが挙げられる。また，NFTの二次流通市場として，OpenSeaやmiimeなどが存在する。

　ブロックチェーンゲームにおいては，NFTとして発行されたゲーム内アイテムが暗号資産に該当するかが問題となるだけでなく，当該NFTの獲得に際して，いわゆる「ガチャ」の仕組みを採用する場合などには，賭博罪（刑法185，186）に該当しないかについても問題となる。また，新規顧客を獲得するためにログインボーナスや各種ランキングキャンペーンを実施する場合，景表法上の景品規制に抵触しないよう留意する必要があるなど，ゲームの内容やキャンペーン等の態様に応じて個別具体的な分析が必要となる。

図表2-26　ブロックチェーンゲームに係る法的論点

②各種キャンペーン

ブロックチェーン
ゲーム運営会社

①ゲームキャラクター（NFT）の購入

NFT

セカンダリーマーケット

②　コンテンツ会員権としてのNFT

2019年12月，米国メディアのForbesが，ブロックチェーン企業である Unlockの技術を採用し，イーサリアム（Ethereum）を用いたコンテンツ会員権としてのNFTを導入したことを発表した。Forbesの読者は，イーサを支払って当該NFTを購入すると，その有効期間中は同誌の記事を広告なしで閲覧することができる。また，コンテンツ会員権はNFTであるため，セカンダリマーケットで売買することも可能とされており，例えば，年間契約した会員権を途中で売りに出すことなどが可能になる。

③　現物資産と紐付いたNFT

2019年12月，NIKE, Inc.は，NFTを発行する規格であるERC-721を用いてシューズをトークン化する特許「CryptoKicks」を米国特許商標庁に申請した。当該特許においては，消費者がシューズを購入した時にNFTを作成し，当該NFTにはデジタルシューズのデータとデジタルシューズIDが含まれており，購入者は自らが管理するイーサリアム上のアドレスに紐付けて当該NFTを管理することができる。デジタルなシューズを表章するNFTは移転・売買可能なため，デジタルな流通市場ができる可能性がある。

④　NFTアート

　NFTアートとは，唯一無二のユニークなデータを作成できるNFTの特性を活かし，デジタルで表現したアート作品の保有者の履歴等をブロックチェーン上で記録したものをいう。2021年3月，クリスティーズのオークションにおいて，アーティストBeepleのNFTアート「Everydays - The First 5000 Days」が約75億円で落札されるなど，NFTを活用した新たなアートの可能性を切り開くものとして大きな注目を集めている。

　もっとも，NFTを活用したデジタルアートだからといって，必ずしもアート作品・表現そのものが唯一無二というわけではないことに注意を要する。例えば，上記のNFTアート「Everydays - The First 5000 Days」についてみると，このアート作品の画像データは分散型ファイルシステムIPFS（Inter Planetary File System）に保存されているものの，クリスティーズ上の同作品紹介ページに掲載されているスマートコントラクトアドレスから誰でも当該画像データが保存されているURLにアクセスし，ダウンロードすることができてしまう。

　NFTのような無体物に所有権は認められないと考えられることから，著作権法上の取扱いを含めて，NFTアートの取引において具体的にいったい何の権利を取引しているのか，慎重に検討する必要がある。

5──DeFi（分散型金融）

(1)　DeFiとは

　DeFi（ディーファイ）とは，Decentralized Financeの略称であり，一般に「分散型金融」と訳されることが多い。DeFiは，ブロックチェーンを活用したアプリケーション（一般にDapps（Decentralized Application：分散型アプリケーション）と呼称される）によって構成される分散型の金融システムであり，誰でもアクセス可能かつ透明性の高い金融システムやプロジェクトの総称であるが，その内容や分散の度合いはプロジェクトによって異なる。DeFiにおいては，トークンの交換市場にとどまらず，匿名の利用者間でのトークンのレンディング，ファンド運営，デリバティブ取引，保険，ID管理インフラ，信用情報インフ

ラなど，様々な金融取引を可能とするアプリケーションが登場し，急速に成長しつつある。以下では，DeFiの主な事例として，分散型取引所，暗号資産レンディングプラットフォーム，暗号資産レンディング／ファーミング最適化に係る事例について紹介する。

(2) DeFiの事例

① 分散型取引所（DEX）

　分散型取引所（DEX）とは，Decentralized Exchangeの略称であり，暗号資産交換業者のように中央集権の管理者が存在しない，トークンの売買等を行う分散型の取引所をいう。DEXにおいては，中央集権型の取引所（DEXとの対比でCEX（Centralized Exchange）と呼称される）と異なり，一般にDEXにおいては利用者が自らトークンの秘密鍵を管理することが通常である。DEXは，**図表2−27**に示すようなレイヤーで構成されており，基盤となるブロックチェーンネットワークおよびその上で発行されたトークンに加えて，汎用性を持った規格（プロトコル）をミドルウェアとして採用し，これを利用し

図表2−27　DEXを構成するレイヤー

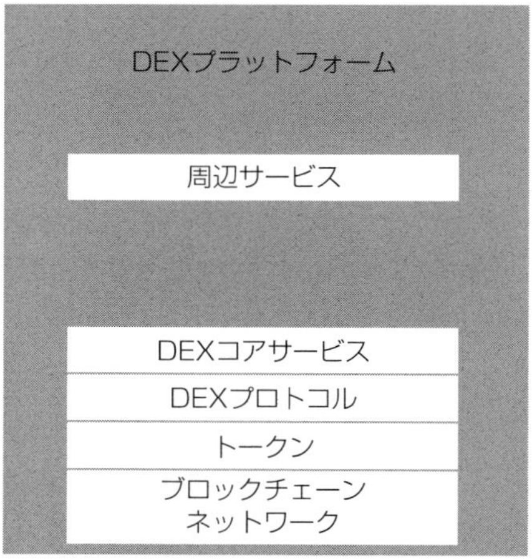

DEXプラットフォーム

周辺サービス

DEXコアサービス

DEXプロトコル

トークン

ブロックチェーン
ネットワーク

（出所：田中修一・副島豊「分散型台帳技術による証券バリューチェーン構築の試み―セキュリティトークンを巡る主要国の動向―」（2020年8月，日本銀行決済機構局）60頁を参照の上，筆者にて適宜修正。）

て具体的なDEXサービスをアプリケーションとして提供する。

　代表的なDEXとしては，Uniswapや，Balancer，Kyber Network，Ox Protocol などが存在する。DEXは2017年頃から積極的に開発が進められており，まだ 発展の初期段階にあるものの，2020年 9 月時点では，一時，Uniswapでの24時 間の取引高が大手CEXでの取引高を上回ったことがあるなど，DEXをめぐる 市場は今後急速に成長する可能性がある。以下，代表的なDEXであるUniswap を例に説明する。

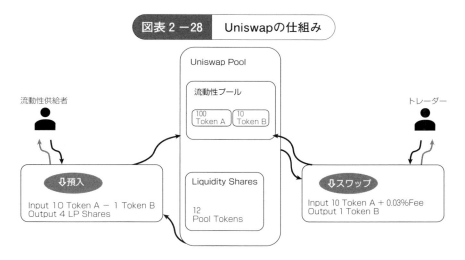

図表 2 −28　Uniswapの仕組み

　Uniswapは，2018年11月に開始した後発の DEX であるが，急速に市場シェ アを伸ばしている。Uniswapは，オーダーブック型のDEXではなく，おおむ ね以下の方法でトークン同士の取引が成立する仕組みがスマートコントラクト によって構築されている。まず，不特定多数の参加者（以下「流動性供給者」とい う）が交換されるトークンのペアを「流動性プール」と称されるコントラクト アドレスに対して送付することで，流動性を創出する。なお，流動性供給者が 提供する交換ペアはイーサ（Ether）とERC20トークンの組み合わせであり， ERC20 トークン同士の直接交換はなく，ERC20トークン同士の交換をする場 合も，必ずイーサが交換媒介となる。この流動性プールを利用して利用者（ト レーダー）は，トークンの交換を行うことができる。

　Uniswapの特徴は，交換価格の決定方式であり，流動性プールに提供されているERC20トークンとイーサの残高の積が一定値となるように価格が決定される。すなわち，ERC20トークンとイーサの一方の残高が少なくなると，その相対価格が上昇するため流動性を新たに呼び込む力が強まる。流動性が供給されるたびに価格が自動更新され，取引が成立せずとも価格は需給バランスに応じて調整され続ける。こうした自動価格決定方式のため，取引価格を提示するマーケットメイカーは存在しない仕組みとなっており，このような仕組みは「Automated Market Maker（自立的に機能するマーケットメイカー）」（AMM）と呼ばれている。

　さらに，AMMによっては，利用者が当該AMMの流動性プールへ流動性を供給することにより，当該DEX上での取引手数料の一部を当該利用者に対して還元したり，当該DEXのガバナンスに参加する権利を表章したトークン（以下「ガバナンストークン」という；例えば，UniswapにおけるUNIトークンなどがある）を付与したりする場合がある。こうしたAMMなどのDeFiに流動性を提供することによって，利息以外の何らかの報酬を得る行為は「流動性マイニング」（Liquidity Mining）と呼ばれる。流動性マイニングにより発行されるガバナンストークンの法的性質については，当該トークンを保有するだけでは配当等を得られるものではない場合には，集団投資スキーム持分（金商法2②五）ないし電子記録移転権利（金商法2③）には該当しない可能性がある。一方で，これらのガバナンストークンはすでにDEXで取り扱われており，他の暗号資産と交換可能であることから，暗号資産（資金決済法2⑤）に該当する可能性が高い。

　なお，UniswapなどのDEXは，誰でもアクセスできる分散型のプロトコルであり，誰の許可を得ずともトークンを上場できるとともに，自動でアルゴリズムが価格を提示してトークンの取引が可能である。この特徴を活かして，Uniswap上の流動性プールに新規に発行するトークンの在庫を置き，購入希望者に当該トークンを販売し資金調達するという手法（「Initial Uniswap Offering」と呼ばれることがある）も登場している。このようなトークンの販売手法が暗号資産交換業規制に反するものであるのか否かについては慎重な検討が必要となる。

②　トークンレンディングプラットフォーム

　トークンレンディングプラットフォームとは，不特定多数のユーザー間での
トークンの貸借を行うブロックチェーン上で稼働する分散型のプラットフォー
ムである。利用者は，自らが保有するトークンを当該プラットフォーム上のコ
ントラクトに貸し付けて利息を得ることができる。また，利用者は，コントラ
クトに担保としてトークンを提供することにより，コントラクトから他のトー
クンを借り入れることをできる。

　代表的なトークンレンディングプラットフォームとして，Compound，
Aaveなどがある。以下では，Compoundを例に説明する。なお，理解を容易
にする趣旨から，「貸付け」「借入れ」「預入れ」「貸借」「利息」「担保」等の従
来型の資金取引に用いられる用語を使用しているが，DeFiのトークンレンディ
ングプラットフォームで行われる各行為は，ブロックチェーン上のアドレスへ
のトークンの移転等をスマートコントラクトを利用して実行しているものであ
り，法的に貸借取引や寄託取引として評価されるかどうかは明らかではない。

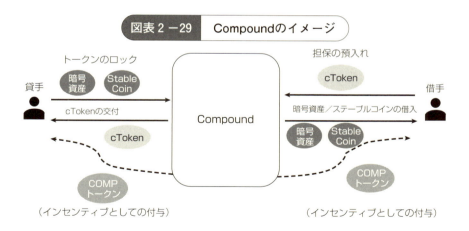

図表2－29　Compoundのイメージ

　まず，Compoundにおいて利用者が保有するトークンの貸付けを行おうとす
る場合，Compound上のコントラクトアドレスに暗号資産やステーブルコイン
を送付してロックする必要がある。そして，トークンをロックした場合，事前
に設定されたレートで，レンディングプールのシェアを表すcTokenが利用者

に自動的に交付される。cTokenはロックされたトークンの引出し時に償還されるが，cTokenの価値はロックしたトークンに対して時間の経過とともに増加するものとされており，これにより，利用者はcTokenを保有することにより利息を獲得することができる。

　これに対して，利用者がトークンの借入れを行う場合，cTokenを担保としてコントラクトアドレスに預け入れることにより，当該コントラクトアドレスから暗号資産やステーブルコインを借り入れることができる。利用者の借入残高が，未払いの利息の増大，担保価値の低下，借入資産の価格の上昇などにより借入能力を超えた場合，提供された担保はその時点での市場価値から割引を行った上で清算される。なお，Compoundにおいては，プラットフォーム利用に対するインセンティブとして，貸付人・借入人双方に対してガバナンストークンであるCOMPトークンが分配される。COMPトークンの保有者は，プロトコルの変更を提案したり，借入れの限度額を決定する担保係数を提案したりすることを可能となる。

　以上のとおり，Compoundでは，利用者がコントラクトに対してトークンを貸し付け，それに対して利息を得られるところ，日本法上，Compoundにおけるトークンのレンディングが，貸金，集団投資スキーム，外国投資信託等に該当しないかが問題となる。また，Compoundにおけるトークンの貸借に際して発行されるcTokenやCompound利用の報酬として分配されるCOMPトークンの法的性質についても，金商法上の集団投資スキーム持分，資金決済法上の暗号資産に該当しないかについても慎重な検討が必要になろう。

③　暗号資産レンディング／イールドファーミング最適化プラットフォーム

　前記のとおり，トークンレンディングプラットフォーム等のDeFiを利用すると，利息だけでなくインセンティブとしてのガバナンストークンの付与等を受けることができるが，利用者にとって，効率的に保有する資産を運用することは容易ではない。そこで，AMMやレンディングプロトコルがインセンティブとしてトークンを発行する場合に，自動的にトークンを売却して最高と思われる利回りで再投資するDeFiが登場してきている。

　暗号資産レンディング／イールドファーミング最適化のプラットフォームと

しては，yearn.financeなどが存在する。yearn. financeは，ユーザーが暗号資産をyearn.finance上の「貯蔵庫」（VAULT）に預けることで，自動的に最高と思われる利回りで運用するDeFiプラットフォームであり，複数のAMMやレンディングプロトコルに接続し，最高のリターンを生み出すと想定される場所に資金を移動させる。yearn. financeの仕組みは，**図表2－30**のとおりである。

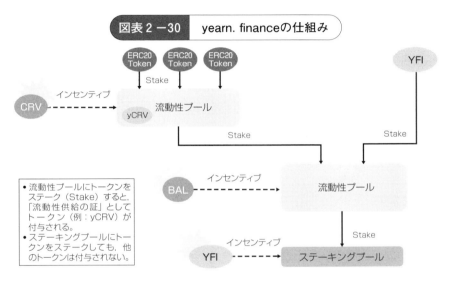

図表2－30 yearn. financeの仕組み

なお，日本法上，yearn. financeのようにブロックチェーン上の「貯蔵庫」にトークンを預け入れる行為について，暗号資産カストディとして暗号資産交換業に該当しないか，また，最高の利回りを持つ流動性プールへ自動的にトークンを割り当てる行為について，投資助言業ないし投資運用業に該当しないか等につき慎重に検討する必要がある。

6 ── STOに関する動向

(1)　STOとは

STO（Security Token Offering）とは，国際的に共通の定義等は存在しないものの，一般的には，有価証券の性質を持つ，ブロックチェーン上で発行・管

理されるデジタルなトークンの販売を通じた資金調達手法をいう。日本法における STO の金商法上の扱いについては，**第 3 章①(5)**を参照されたい。STO は，ICO（Initial Coin Offering）がその法的な枠組みが整う間もなく世界的に流行し，詐欺的事案が多発したことを受け，各国の証券規制の枠組みの下での新たな資金調達手法として注目されている。

(2) 海外におけるSTOの事例
① 海外STOの市場規模

前記のとおり，STO については国際的に共通の定義等が存在しないことから，STO の案件数や調達金額等についても統一的な市場情報は見当たらない。もっとも，スイスの STO プラットフォーム「BlockState」のデータを参照した「野村資本市場クォータリー 2020 Summer」によれば，海外 STO 案件数および STO による調達金額は**図表 2 −31**のとおり，いずれも拡大傾向にあるといえる。もっとも，2019 年の株式市場における IPO による調達額は 1,980 億ドルである一方，同年の STO による調達額は 4 億ドルにとどまり，いまだ市場規模としては小さなものにとどまっている。

また，第 3 章で述べるとおり，セキュリティトークンについてはいくつも法的課題があるものの，その 1 つとしてセカンダリー市場の構築の困難さが挙げ

図表 2 −31　海外STO案件数

（出所：神山哲也・塩島晋「新たな資金調達手法として期待されるSTO─海外の事例と日本における可能性」（野村資本市場クォータリー 2020 Summer）3 頁）

図表 2 −32　海外STOの調達目標額・実調達額推移

100万ドル

（出所：神山哲也・塩島晋「新たな資金調達手法として期待されるSTO―海外の事例と日本における
　　　　可能性」（野村資本市場クォータリー2020 Summer）3頁）

られる。日本のPTS（Proprietary Trading System）にあたるATS（Alternative
Trading System）の免許が比較的に認可されやすいアメリカにおいても，セ
キュリティトークンの取引を取り扱うATSは存在しているものの，出来高は
極めて低く，現状，ほとんどの銘柄の取引高は日に数万〜数十万ドル程度にと
どまっている。

　このように，現状のSTO市場は発展途上にあるものの，分散型台帳技術を
活用し，スマートコントラクトの機能等により，伝統的な有価証券による資金
調達とは異なる資金調達が可能となるのではないかとの期待は大きく，一般投
資家を対象としたSTOや，公募型のSTOなども登場している。以下では，米
国Blockstackによる一般投資家を対象としたSTO，OpenFinance Networkに
よるSTO，およびドイツBitbondによるトークン表示型社債の公募STOについ
て紹介する。

| 図表2−33 | STOの取引高 |

Security Tokens

Total Market Cap $878,109,264.28

Token		Market Cap ↓	Price	Change %	24H Volume	Exchange	Price Trend
Overstock 🔗	OSTKO	$297,160,000	**$68.00**	↔ 0%	$96,560	tZERO	
INX Limited 🔗	INX	$185,521,395	**$1.50**	🔺 3.23%	$7,032	INX Securities	
tZERO 🔗	TZROP	$134,202,970	**$6.45**	↔ 0%	$38,016	tZERO	
Blockchain Capital 🔗	BCAP	$63,215,676	**$9.00**	↔ 0%	$66	INX Securities	
FirstShot Centers LLC 🔗	FST	$35,466,666	**$1.75**	🔺 6.42%	$35,249	CryptoSX	
Science 🔗	SCI2	$31,839,894	**$1.95**	↔ 0%	$137	INX Securities	
SPiCE VC 🔗	SPICE	$25,394,067	**$3.00**	↔ 0%	$6	INX Securities	
MERJ Exchange 🔗	MERJ-S	$22,592,219	**$2.51**	🔺 5.28%	$1,383	MERJ	
AspenCoin (St. Regis) 🔗	ASPD	$21,240,000	**$1.18**	↔ 0%	$5,055	tZERO	
Tokensoft 🔗	TSFT	$16,024,618	**$1.99**	↔ 0%	$15,476	Tokensoft	
Curzio Research 🔗	CEO	$11,189,773	**$7.00**	↔ 0%	$0	MERJ	
Realio Network LTD 🔗	RST	$6,830,372	**$1.84**	🔺 7.07%	$6,329	UniswapV2	
Protos 🔗	PRTS	$4,187,720	**$1.25**	↔ 0%	$1	INX Securities	
Mt Pelerin 🔗	MPS	$3,159,040	**$6.32**	🔺 6.76%	$1,473	UniswapV2	
Bitbond 🔗	BB1	$2,688,522	**$1.01**	↔ 0%	$0	StellarX	

（出所：https://stomarket.com/market）

② 米国BlockstackによるSTXのSTO

　前提として，米国証券法上，いかなる者も，有価証券の登録届出書
（registration statement，日本の有価証券届出書に相当）が提出され，その効
力が発生していなければ，有価証券の売付けを行ってはならない（米国証券法5
条）。ただし，発行者が公募（public offering）によらずに行う取引については，
証券法上の登録義務が免除される（米国証券法4条a項2号）。また，少額の有価

証券の募集については，発行者が一定の情報開示を行うことを条件として，証券法上の登録義務が免除される（証券法 3 条 b 項，以下「レギュレーションA」という）。さらに，一定の条件を満たしたクラウドファンディングによる資金調達についても，登録が免除される（証券法 4 条 a 項 6 号）。

Blockstackは，ブロックチェーン技術を活用した分散型アプリケーション（Dapps）の開発ネットワークを提供する企業であり，2019年，前記の登録免除規定のうちレギュレーションAに基づき，一般投資家を対象にStack Token（STX）のSTOを行った。当該STOにおいては，投資額は100ドル〜3,000ドルまでとされ，レギュレーションAに依拠して実施されたことから特段STXに係る転売制限はない。

STXは，Blockstackネットワークにおけるネイティブトークン（発行者が自身のプラットフォームにおける取引のために発行するトークン）であり，ユーザーやドメイン名等のデジタル資産の登録，スマートコントラクトの登録および執行，取引手数料，マイナーへの支払などに利用されることが想定されている。

なお，米国証券法上，STXが有価証券として取り扱われたとしても，日本法上，STXが金商法上の有価証券に該当するかどうかについては別途の検討が必要であることには注意が必要である。米国においては日本の資金決済法のような暗号資産に対する統一的な規制法は存在しないこともあって，ブロックチェーン上で発行されるトークンに対して証券規制を当てはめようとする傾向が日本よりも一般的に強いと考えられる。

③　OpenFinance NetworkによるSTO

OpenFinance Network（「OFN」）は，米国証券法規制に準拠したSTO取引プラットフォームである。OFNは，個人投資家が今までアクセスできなかったアセットクラスへアクセスできるようにし，決済執行にかかる時間の大幅な短縮と書類管理コストの削減を可能にすることを目指しているとされる。OFNは，小規模な公募や私募形式，米国外における発行に係るSTOを取引対象とし，米国証券取引所法に準拠したトークンを発行できるようにすることを目指したものである。OFNは，トークンを上場させる際の規制準拠に対する

サポートを提供しており，上場するための詳細をウェブサイトに入力すること
により，上場の適性について判断することとされている。

図表2−34　OpenFinance Networkの概要

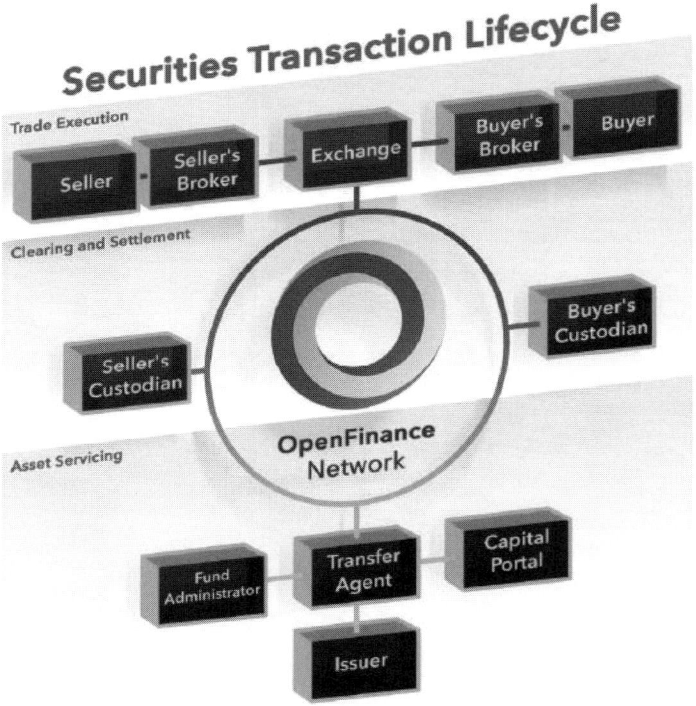

（出所）OpenFinance NetworkのWhitepaper
　　　（https://neironix.io/documents/whitepaper/4844/whitepaper.pdf）

④　Bitbond社によるトークン表示型社債の公募

　トークン表示型の社債を一般投資者向けに公募したおそらく初の事例として
ドイツのBitbond社による無担保劣後社債の発行事例がある（BB1トークン）。
　この事例の特徴は，投資単位が小口化されていることと引受証券会社などの
仲介業者を利用せずにインターネットを通じて募集されたことであった。まず，

本社債の額面は 1 券面当たり 1 ユーロ，最低投資単位も 1 ユーロと非常に小口化されており，個人投資家の参加を促す効果があったものと思われる。また，証券会社による引受けや募集の取扱いはなく，投資者に対する勧誘は主としてインターネットを通じて行われたようであり，さらに決済に関してクリアリング機構を使用していない。BB1トークンは，トランザクションコストが低いStellarブロックチェーンを利用して発行される。目論見書によれば，本社債を譲渡するためには，BB1トークンを移転する必要があり，ブロックチェーン外での譲渡は禁止されている。

(3)　日本におけるSTOの事例

　第 3 章で述べるとおり，日本におけるSTOについては，セカンダリー市場の構築の困難さなど，いくつも課題があるものの，スマートコントラクトを活用した新しい証券バリューチェーンの構築等を目指し，大手金融機関を中心に，様々なSTO案件が登場し始めている。以下では，日本国内における主なSTOの公表事例を紹介する。

①　野村證券およびNRIによるブロックチェーン基盤「ibet」を通じたデジタル債

　2020年 3 月，野村證券㈱と㈱野村総合研究所（以下「NRI」という）は，㈱BOOSTRYを通じて開発したブロックチェーン基盤「ibet」を利用したデジタル債券（起債総額3,000万円）の発行を行った。発行体はNRIであり，「デジタルアセット債」と「デジタル債」と呼ばれる 2 種類の債券を発行・販売した。社債の原簿管理はBOOSTRYが行い，「ibet」上でトークンとして発行される様々な権利と取引方法は，ブロックチェーン上のスマートコントラクトによってプログラム化される。

　「デジタルアセット債」は，NRIが投資家を直接勧誘し，企業が資金調達する従来の目的に加えて，投資家がその債券に付随するポイントを買い物などに利用できる仕組みが設けられており，「デジタル債」は野村證券が投資家を勧誘する証券引受け形態で起債されている。また，「ibet」で取引されるトークンとして「社債」「会員権」「サービス利用権」などが例として挙げられており，

金融商品としては「社債」から取組みを始めることとされている。

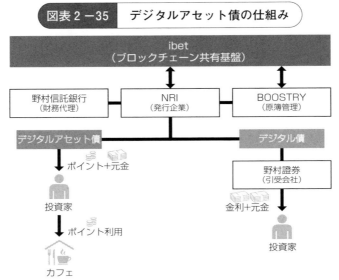

図表2−35　デジタルアセット債の仕組み

ibet
（ブロックチェーン共有基盤）

野村信託銀行
（財務代理）

NRI
（発行企業）

BOOSTRY
（原簿管理）

デジタルアセット債

デジタル債

ポイント＋元金

投資家

ポイント利用

カフェ

野村證券
（引受会社）

金利＋元金

投資家

（出所：https://www.nomuraholdings.com/jp/innovation）

②　三菱UFJ信託銀行等によるSTOプラットフォーム「Progmat」

　2019年11月，三菱UFJ信託銀行㈱は，三菱UFJモルガン・スタンレー証券㈱，㈱三菱UFJ銀行とともに，ブロックチェーン技術を活用して証券決済・資金決済の一元的な自動執行を可能にし，投資家の権利保全もあわせて実現するデジタルアセット管理基盤「Progmat（プログマ）」の提供に向け，協力企業全21社と「ST（Security Token）研究コンソーシアム」を設立した。

　Progmatは，セキュリティトークンの発行，自動執行可能なスマートコントラクトなどを備える，主にセキュリティトークンの約定後のポストトレードを行えるプラットフォームであり，その特徴としては，信託銀行がその過程に入り原簿を管理することで，トークンの移転と権利の移転を法的に一致させるとともに，倒産隔離などの信託の機能も提供することが挙げられる。Progmatのサービスでは，セキュリティトークンとスマートコントラクトとを組み合わせ，将来的に社会実装が見込まれる外部のプログラマブル・マネー（ブロック

チェーン上で発行される価値の安定したプログラミング可能なトークン）と連携し，1つのプラットフォーム上で社債や証券化商品等の金融商品を取り扱い，24時間365日どこからでも専用端末不要で，小口の個人投資家や海外投資家を含めた誰とでも，資金調達や運用を可能としていくことを目指すこととしている。

③　SBIグループによるデジタル株式の発行

2020年10月，SBIホールディングス㈱（SBIホールディングス）の子会社である SBI e-Sports㈱は，SBIホールディングスを引受人とする，STO を用いた第三者割当増資を以下の要領で実施することを発表した。当該第三者割当増資に際し発行されるデジタル株式は，BOOSTRYが提供するブロックチェーン基盤「ibet」を用いて発行・管理され，トークンの移転と権利の移転・株式名簿の更新が一連のプロセスとして処理され，電子的に管理することが可能となるとされている。

図表2－36　SBI e-SportsによるSTOの概要

(1)	発行体	SBI e-Sports株式会社
(2)	募集株式の種類および数	普通株式　1,000株
(3)	引受人	SBIホールディングス株式会社
(4)	募集株式の払込金額	1株につき金50,000円
(5)	払込期日	2020年10月30日
(6)	増加する資本金（資本準備金を含む）	金50,000,000円
(7)	株式の管理方法	デジタル株式を「ibet」基盤で発行・管理

（出所：https://www.sbigroup.co.jp/news/2020/1009_12157.html）

　以上のとおり，日本におけるSTOはまだ始まったばかりであるが，ブロックチェーン技術を用いた証券取引の柔軟化および高度化に向けた取組みへの意欲は強いものがあり，今後の市場の発展が期待される。

第 **3** 章

デジタル資産に関する法務

1 ──デジタル資産の金融規制法上の分類と適用法令

(1) デジタル資産の金融規制法上の分類

　デジタル資産については，明確な定義が法律で定まっているものではなく，その金融規制法上の位置付けは個別のデジタル資産の機能等によって異なる。デジタル資産と一口にいってもその機能や用途は様々であり，主に支払に使用されることが想定されているものもあれば，何らかの権利を表章するものもある。例えば，ブロックチェーン上で生成され，あるいは，発行されるトークンに株式や社債，ファンド持分などを表示したものは，セキュリティトークンまたはデジタル証券と呼ばれ，有価証券として扱われる。一方で，デジタル資産の発行者に対してあらかじめ金銭を払い込み，その金額の範囲内で当該デジタル資産を利用でき，かつ金銭への払戻しが原則的に禁止されている場合，当該デジタル資産は前払式支払手段に該当する。

　これらのデジタル資産の金融規制法上の分類，およびそれらに適用される法令の関係の概要を整理したものが**図表3-1**である。

　前述のとおり，デジタル資産の金融規制法上の位置付けはそれらの機能等に応じて分類されるところ，法的分類の主な視点は以下のとおりである。

【デジタル資産の金融規制法上の分類の視点】

（ⅰ）　デジタル資産の保有者に対する利益分配の有無
（ⅱ）　対価発行の有無：有償／無償のいずれで発行されるか
（ⅲ）　通貨建資産に該当するか
（ⅳ）　不特定の者に対して使用できるか／不特定の者と売買・交換ができるか
（ⅴ）　金銭への払戻しが可能か
（ⅵ）　使用後に代金支払が生じるか

　上記の視点に基づきデジタル資産の金融規制法上の分類を行う場合，**図表3-2**のように整理することができる。

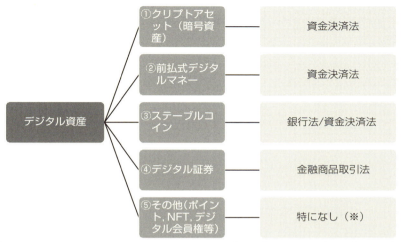

図表3－1　デジタル資産の金融規制法上の分類および適用法令

デジタル資産		
	①クリプトアセット（暗号資産）	資金決済法
	②前払式デジタルマネー	資金決済法
	③ステーブルコイン	銀行法/資金決済法
	④デジタル証券	金融商品取引法
	⑤その他（ポイント，NFT，デジタル会員権等）	特になし（※）

（※）金融規制法以外に，不当景品類及び不当表示防止法等の消費者保護法の適用を受ける場合がある。また，割賦販売法が適用されうる後払式のデジタルマネーについては割愛する。

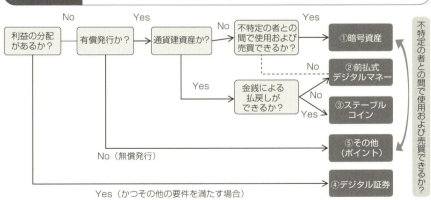

図表3－2　デジタルマネー・デジタルアセットの金融規制法上の分類フローチャート

以下，それぞれのデジタル資産の定義および金融規制法上の位置付けについて概観する。

(2) 暗号資産

① 定　義

　暗号資産とは，(i)物品・役務提供の代価の弁済として不特定の者に対して使用でき，かつ不特定の者との間で購入・売却をすることができるものであって，(ii)電子的に記録された財産的価値で，電子情報処理組織を用いて移転することができ，(iii)本邦通貨，外国通貨および通貨建資産に該当しないものをいい（以下「１号暗号資産」という），１号暗号資産と相互に交換を行うことができるもの（以下「２号暗号資産」という）も暗号資産に含まれるとされている（資金決済法２⑤）。

　通貨または通貨建資産に該当するものは暗号資産に該当しない（上記要件(iii)）。また，暗号資産には特定の発行者がいないケースも珍しくなく，発行者等の特定の者に対して使用することを想定しているものではない（上記要件(i)および(ii)）という点で，Suicaやnanaco等の電子マネーに代表される前払式支払手段にも該当しない。

　また，暗号資産の定義から除外されている「通貨建資産」とは，本邦通貨もしくは外国通貨をもって表示され，または本邦通貨もしくは外国通貨をもって債務の履行，払戻しその他これらに準ずるものが行われることとされている資産をいう（資金決済法２⑥）。例えば，Suicaやnanaco等の電子マネーは日本円をチャージして使うもので，その単位は「円」になる。このような電子マネーは円建て資産であり，「通貨建資産」に該当するため，この点からも暗号資産とは異なることとなる。さらに，たとえブロックチェーン上のトークンであったとしても，円建てやドル建ての場合は「通貨建資産」に該当し，暗号資産には該当しないこととなる。

② 業規制

　暗号資産交換業とは，次に掲げる行為のいずれかを業として行うことをいう（資金決済法２⑦）。

(i)　暗号資産の売買または他の暗号資産との交換（資金決済法２⑦一）

(ii)　(i)に掲げる行為の媒介，取次または代理（以下(i)および(ii)に掲げる行為を「暗号資産の交換等」という；資金決済法２⑦二）

(iii)　(i)または(ii)に掲げる行為に関して，利用者の金銭の管理をすること（資金決済法2⑦三）

(iv)　他人のために暗号資産の管理をすること（当該管理を業として行うことにつき他の法律に特別の規定のある場合を除く）（以下「暗号資産の管理」という：資金決済法2⑦四）

　事業者の業務が暗号資産交換業に該当する場合には，当該業務の実施にあたっては，資金決済法に基づき暗号資産交換業者としての登録が必要となる（資金決済法63の2）。

　なお，暗号資産交換業者が暗号資産の先物取引等を取り扱う場合があるが，このような取引が金融商品取引法2条20項に規定するデリバティブ取引に該当する場合には，暗号資産交換業者としての登録では足りず，第一種金融商品取引業の登録が必要となり（金商法28①），金融商品取引法の規制を受けることとなる。

　暗号資産交換業者は，資金決済法に基づき，利用者財産の分別管理義務，利用者への情報提供義務，利用者保護を図るための措置，禁止行為，勧誘・広告規制等の規制に服する。以下では，暗号資産交換業者に対する行為規制のうち，利用者保護および他の業との比較の上で，特に重要となる利用者財産の分別管理義務および利用者への情報提供義務について概観する。

③　主要な行為規制

　利用者財産の分別管理義務として，暗号資産交換業者は，その行う暗号資産交換業に関して，利用者から預かった金銭を自己の金銭と分別して管理し，信託会社等へ信託しなければならない（資金決済法63の11①）。

　また，暗号資産交換業者は，利用者から預かった暗号資産についても，自己の暗号資産と分別して管理しなければならない（資金決済法63の11②）。具体的には，①利用者の暗号資産と自己の暗号資産とを明確に区分し，当該利用者の暗号資産についてどの利用者の暗号資産であるかが直ちに判別できる状態で管理することに加えて，②利用者の利便の確保および業務の円滑な遂行等のために必要な最小限度の暗号資産（利用者の暗号資産の本邦通貨換算額の5％未満）

を除き，一度もインターネットに接続したことのない電子機器等に記録して管理する方法その他これと同等の技術的安全管理措置を講じて管理する方法（いわゆるコールドウォレット）で管理する必要がある（暗号資産交換業者府令27①一・③一，事務ガイドラインⅡ-2-2-3-2(3)⑤）。暗号資産交換業者は，利用者の暗号資産の管理を第三者に委託することも可能だが，その場合には，自己で管理する場合と同等の利用者の保護が確保されていると合理的に認められる方法によって管理されていることが必要である（暗号資産交換業者府令27③二）。

　さらに，暗号資産交換業者は，暗号資産交換業の利用者の利便の確保および暗号資産交換業の円滑な遂行を図るために，その行う暗号資産交換業の状況に照らし，コールドウォレット等で管理する方法以外の方法で管理することが必要な最小限度の暗号資産（利用者の暗号資産の5％未満）については，コールドウォレット等以外（言い換えればいわゆるホットウォレット）の方法で管理することが許容されている（暗号資産交換業者に関する内閣府令27②）。

　ただし，この場合，ホットウォレットからの暗号資産の流出リスクを踏まえ，暗号資産交換業者は，コールドウォレット等以外の方法で管理する暗号資産と同種同量の暗号資産（以下「履行保証暗号資産」という）を自己の暗号資産として保有し，履行保証暗号資産以外の自己の暗号資産と分別して管理することが義務付けられている（資金決済法63の11の2）。

　利用者への情報提供義務については，暗号資産交換業者は，利用者との間で暗号資産の交換等を行うときは，あらかじめ，当該利用者に対し，暗号資産の性質に関する説明として，①暗号資産は本邦通貨または外国通貨ではないこと，②暗号資産は代価の弁済を受ける者の同意がある場合に限り代価の弁済のために使用することができること，といった一定の事項についての説明を行わなければならないことが定められている（資金決済法63の10①，暗号資産交換業者に関する内閣府令21）。また，暗号資産交換業に係る取引を行うときや，暗号資産交換業に係る取引を反復継続して行うことを内容とする契約を締結するときは，あらかじめ，当該利用者に対し，当該取引や契約の内容等についての情報を提供しなければならない（資金決済法63の10①，暗号資産交換業者に関する内閣府令22）。

(3)　前払式デジタルマネー（前払式支払手段）

①　定　義

前払式支払手段とは，(i)金額等の財産的価値が記載または記録され（価値情報の保存），(ii)金額または数量等に応ずる対価を得て発行される証票等，番号，記号その他の符号であり（対価発行），(iii)発行者または発行者の指定する者に対する対価の弁済等に使用することができるもの（権利行使）をいう（資金決済法3①各号）。

暗号資産と前払式支払手段は，いずれもデジタルマネーであり，物品・役務提供の代価の支払に使用することができる点で共通する。もっとも，暗号資産は「不特定の者」に対して使用することができるのに対し，前払式支払手段は，発行者や加盟店等の特定の者に対してしか使用することができないという点で異なる。また，暗号資産の定義からは通貨建資産が除かれるのに対し，前払式支払手段は通貨建資産に該当することが通常である点で異なる。

為替取引の手段としての電子マネーと前払式支払手段としての電子マネーについては，いずれもデジタルマネーであり，あたかも通貨のように使用することができる点で共通するものの，為替取引の手段としての電子マネーについては金銭による払戻しが可能である一方，前払式支払手段としての電子マネーについては原則として金銭による払戻しが禁止されている点で異なる。

②　業規制

前払式支払手段の発行者または当該発行者と密接な関係を有する者から物品の購入やサービスの提供を受ける場合に限り，これらの対価の支払のために使用できる前払式支払手段を発行する場合には，当該前払式支払手段は自家型前払式支払手段に該当する（資金決済法3④）。自家型前払式支払手段のみを発行する場合には，発行している前払式支払手段の未使用残高（前払式支払手段の総発行額から総回収額を控除した額（資金決済法3②，前払式支払手段に関する内閣府令4））が3月末あるいは9月末において，1,000万円を超えたときは，資金決済法に基づく自家型発行者としての届出が必要となる（資金決済法5・14①，資金決済法施行令6）。

一方で，前払式支払手段の発行者または当該発行者と密接な関係を有する者

以外の第三者から物品の購入やサービスの提供を受ける場合にも対価の支払のために使用できる前払式支払手段を発行する場合には，当該前払式支払手段は第三者型前払式支払手段に該当し（資金決済法3⑤），第三者型発行者としての登録が必要となる（資金決済法7）。

　ただし，前払式支払手段が以下に該当する場合には，資金決済法の適用はなく，前払式支払手段の発行者は届出や登録を行う必要はない（資金決済法4，資金決済法施行令4）。

(i) 乗車券，入場券，食券など，特定の施設または場所の利用に際し発行される証票等で，当該施設または場所の利用者が通常使用することとされているもの

(ii) 発行の日から6か月内に限り使用できるもの

(iii) 国または地方公共団体が発行するもの

(iv) 特別の法律に基づき設立された法人等が発行するもの（日本中央競馬会，日本放送協会，地方道路公社等が発行する証票等）

(v) 従業員向け，健康保険組合員向け等のもの

(vi) 割賦販売法または旅行業法の規定に基づき前受金の保全措置がすでにとられている取引に係るもの（友の会買物券，旅行クーポン券等）

(vii) 利用者のために商行為となる取引においてのみ使用することとされているもの

　加えて，以下のものについては，前払式支払手段に該当しないこととされている（前払式支払手段ガイドライン1-1-1）。

(i) 「日銀券」，「収入印紙」，「郵便切手」，「証紙」等法律によってそれ自体が価値物としての効力を与えられているもの

(ii) 「ゴルフ会員権証」，「テニス会員権証」等各種会員権（証拠証券としての性格を有するものに限る。）

(iii) 「トレーディング・スタンプ」等商行為として購入する者への販売であり当該業者が消費者への転売を予定していないもの

(iv) 磁気カードまたはIC カード等を利用したPOS型カード

(v)　本人であることを確認する手段等で証票等または番号，記号その他の符号自体には価値が存在せず，かつ，証票，電子機器その他のものに記録された財産的価値との結びつきがないもの

(vi)　証票等または番号，記号その他の符号のうち，証票等に記載もしくは記録されまたはサーバに記録された財産的価値が証票等または番号，記号その他の符号の使用に応じて減少するものではないもの

　前払式支払手段発行者としての届出または登録を行った業者（以下「前払式支払手段発行者」という）は，資金決済法に基づき，発行保証金の供託義務，利用者への情報提供義務，情報の安全管理等の規制の対象となる。以下では，前払式支払手段発行者に対する行為規制のうち，利用者保護および他の業との比較の上で，特に重要となる発行保証金の供託義務および利用者への情報提供義務について概観する。

③　主要な行為規制

　発行保証金の供託義務として，前払式支払手段発行者は，3月末あるいは9月末において，発行している前払式支払手段の未使用残高が1,000万円を超えたときは，その未使用残高の2分の1以上の額に相当する額を最寄りの供託所（法務局）に供託しなければならないとされている（資金決済法14①）。

　ただし，金融機関等との間で，発行保証金保全契約を締結しその旨を内閣総理大臣に届け出たとき，信託会社との間で発行保証金信託契約を締結し内閣総理大臣の承認を受け信託財産を信託したときは，発行保証金の供託に替えることができることとされている（資金決済法15，16）。

　また，情報提供義務としては，前払式支払手段発行者は，以下に掲げる事項を前払式支払手段に表示する方法または発行者のホームページ等で閲覧に供する方法等により，利用者に対し情報提供しなければならないとされている。また，これらの情報提供事項については，前払式支払手段の購入者等が読みやすく，理解しやすいような用語により，次の事項を正確に表示する必要がある（資金決済法13①，前払式支払手段に関する内閣府令22②）。

（ⅰ）　発行者の氏名，商号または名称
（ⅱ）　利用可能金額または物品・サービスの提供数量
（ⅲ）　使用期間または使用期限が設けられている場合は，その期間または期限
（ⅳ）　利用者からの苦情または相談を受ける窓口の所在地および連絡先（電話番号等）
（ⅴ）　使用することができる施設または場所の範囲
（ⅵ）　利用上の必要な注意
（ⅶ）　電磁的方法により金額等を記録しているものについては，未使用残高または当該未使用残高を知る方法
（ⅷ）　約款等が存する場合には，当該約款等が存在する旨

⑷　ステーブルコイン

①　概　要

　ステーブルコインとは，法律上は特に定義等は存在しないものの，一般に，法定通貨または法定通貨建ての資産もしくはそれらのバスケットに対して価値が連動するよう設計されたブロックチェーン上で発行されるトークンをいう。

　ステーブルコインは，法定通貨等に価値が連動するよう設計されているため，法定通貨と比較すると価格変動が激しい暗号資産よりも，価値尺度や決済手段としての機能が高いと考えられる。また，ステーブルコインは瞬時にブロックチェーン上で世界中どこでも送付が可能であり，送金コストも小さいため，1円未満の少額送金や迅速かつ安価な外国送金も可能となると考えられている。さらに，将来的にブロックチェーン上で証券取引が可能になれば，ステーブルコインで決済することによって，システム的にDVP決済（Delivery Versus Paymentの略で，証券の引渡し（Delivery）と代金の支払（Payment）を相互に条件を付け，一方が行われない限り他方も行われないようにすること）を行うことが可能となると期待されている。

　ステーブルコインは，その価値の裏付けとなっている担保資産の有無および価格安定メカニズムの観点から，いくつかの類型に分類することが可能であり，その類型によって適用される法令が異なる。

　以下では，ステーブルコインを，法定通貨担保型，バスケット通貨担保型，暗号資産担保型，無担保型に分類した上で，その法的位置付けおよび適用法令について検討する。

②　法定通貨担保型ステーブルコイン

　法定通貨担保型ステーブルコインは，米ドルなどの単一の法定通貨を裏付けに発行され，ステーブルコインの保有者は，発行者に対して，ステーブルコインを引き渡すことと引換えに，等価の法定通貨の払戻しを受けることができるという仕組みを採用するものであり，ステーブルコインの代表的な類型である。法定通貨担保型ステーブルコインの例としては，USDTやUSDCなどが挙げられる。

　法定通貨担保型ステーブルコインについては，その発行者が単一での法定通貨での払戻しを約束していることから，通貨建資産に該当するため，暗号資産には該当しないと考えられる。

　他方，銀行法は，「為替取引を行うこと」を営業として行うことを銀行業の一類型として定めており（銀行法2②二），また，資金決済法は，銀行等以外の者が，1回当たり100万円以下の為替取引を業として行うことを「資金移動業」として規定している（資金決済法2②，資金決済法施行令2）。銀行法や資金決済法，その他の法令においても「為替取引」は定義されていないが，最高裁判所は，為替取引の意義について，「顧客から，隔地者間で直接現金を輸送せずに資金を移動する仕組みを利用して資金を移動することを内容とする依頼を受けて，これを引き受けること，またはこれを引き受けて遂行することをいう」と判示している（最決平成13年3月12日刑集55巻2号97頁）。

　この点について，法定通貨担保型ステーブルコインが自由に譲渡でき，かつ，発行者がステーブルコインの金銭への払戻しを行う約束をしている場合には，当該法定通貨担保型ステーブルコインを利用して，隔地者間で直接現金を輸送せずに資金を移動する仕組みを構築することが可能となる。したがって，このような法定通貨担保型ステーブルコインを用いた金銭の移動を行うことは，為替取引に含まれる可能性が高い。

　法定通貨担保型ステーブルコインを用いた資金の移動を行うことが為替取引

に該当する場合には，これを業として行う行為は銀行業または資金移動業に該当すると考えられる。

　ただし，第一種資金移動業，第二種資金移動業または第三種資金移動業の認可または登録を取得した場合には，資金移動業として行うことも可能である。

　ステーブルコインによる資金の移動を資金移動業として行う場合には，１件当たりの資金移動額に応じて第一種資金移動業，第二種資金移動業または第三種資金移動業の認可または登録を取得する必要がある（資金決済法37，40の２①）。すなわち，１件当たり100万円を超えるステーブルコインによる資金の移動を行う場合には第一種資金移動業の認可，100万円を上限とするステーブルコインによる資金の移動を行う場合には第二種資金移動業の登録，５万円以下のステーブルコインによる資金の移動のみを取り扱う場合には第三種資金移動業の登録が必要となる（資金決済法36の２，資金決済法施行令12の２）。

　ここで，問題となるのは，資金移動業者または銀行として規制される者は，ステーブルコインの発行体なのか，ステーブルコインの転々流通を他人のために行う業者なのかという点である。例えば，ステーブルコインの発行体は，発行体から直接ステーブルコインを購入した者および発行体に対してステーブルコインを引き渡して金銭の返還を求める者とはステーブルコインと金銭との交換を行うが，それ以外の第三者間のステーブルコインの移転について直接関与するものではない。他方，ステーブルコインの発行体以外の業者が利用者からステーブルコインの預託を受けて管理し，当該利用者と他の利用者の間のステーブルコインの移転を行うことが考えられるが，当該業者は金銭の払い戻しを行うものではない。言い換えれば，資金移動を必ずしも一業者で完結しているわけではないため，誰を業規制の対象とするのかが必ずしも明確ではないと考えられる。この点については通説的な見解はないものの，前掲最決平成13年３月12日においては，為替取引の一部に関与する業者についても為替取引を行っていると判断されたことも踏まえれば，ステーブルコインの発行体とステーブルコインの移転を他人のために行う業者のいずれも為替取引を業として行う者であると評価される可能性が高いと考える。

　現状，銀行がステーブルコインの発行または移転を業として行う可能性は低いため，以下では，資金移動業者に絞って，利用者保護および他の業との比較

の上で，特に重要となる履行保証金等の供託義務および利用者の保護を図るための措置について概観する。

　資金移動業者は，要履行保証額（利用者から預かっている金額の全額および当該金額を基準として法令上の基準に基づき算定される破綻時の手続費用として定められた額の合計額）の100％以上の額を最寄りの供託所（法務局）へ供託しなければならない（資金決済法43①②，資金移動業者に関する内閣府令11②）。滞留している資金等が1,000万円以下の場合には1,000万円が要履行保証額となる（資金決済法43②，資金決済法施行令14）。

　ただし，金融機関等との間で，履行保証金保全契約を締結しその旨を内閣総理大臣に届け出たとき，信託会社との間で履行保証金信託契約を締結し内閣総理大臣の承認を受け信託財産を信託したときは，発行保証金の供託に替えることができることとされている（資金決済法44，45）。

　ただし，第三種資金移動業を営む資金移動業者は，預貯金等管理割合等（未達債務の額のうち，預貯金等の分別管理によって保全される額の割合）を記載した届出書を提出することで，第三種資金移動業に係る履行保証金の全部または一部の供託をしないことができることとされ，その場合は未達債務の額に預貯金等管理割合を乗じて得た額以上の額に相当する額の金銭を預貯金等管理方法により管理しなければならないとされている（資金決済法45の2①）。すなわち，預貯金等管理割合を100％とすれば，法律上義務付けられている供託などの資産保全方法によらず，預貯金の分別管理を行うのみで第三種資金移動業を営むことが可能になる。

　また，資金移動業者は，①利用者が，銀行等が行う為替取引と誤認することを防止する措置を講ずること，②その営む資金移動業の種別，利用者資金の保全方法，無権限取引が行われた場合の対応方針等に係る情報を利用者に対し提供すること，③送金額等の資金を受領した時は受取証書を交付すること，④社内規則等を定め，従業者に研修等を行うこと，といった措置を講ずる必要がある。

　上記のとおり，法定通貨担保型ステーブルコインを用いた資金の移動が為替取引に該当する場合には，利用者の送金途中にある資金を資金移動業者の倒産から隔離し利用者保護を図るため，資金移動業者は履行保証金の供託等を行わ

なければならないこととされている。しかしながら，当該義務の対象となるのは資金移動業者であるところ，仮に前述のとおり，ステーブルコインの発行体と利用者からステーブルコインの預託を受けて，その移転を行う業者の双方について，二重に履行保証金の保全義務を課すのが妥当であるかは疑問の余地もある。また，ステーブルコインの預託を受けて，その移転を行う業者は，金銭の預託を受けていないため履行保証金の供託等のために別途金銭を調達する必要がある一方，実際に預託を受けるステーブルコインについては，暗号資産と同様のブロックチェーン上のトークンであるにもかかわらず，当該業者は分別管理義務や安全管理義務を負わないことになる点も規制として妥当なのかという問題もある。

このように，法定通貨担保型ステーブルコインについては，現行法の下では，これを為替取引に該当するとして，資金移動業者としての利用者保護の規制を適用することになるとは考えられるものの，上記のとおり，ステーブルコインの実態と規制との整合がとれてないようにも思われる。法定通貨担保型ステーブルコインの海外での流通が盛んになる中，日本においてもこれが早晩流通する可能性は高いため，実態に合わせた適切な規制枠組みを導入する必要性は高い。暗号資産と同様に，預託を受けた者に対しては，履行保証金も履行保証金等の供託義務を課するよりも，預託を受けたステーブルコインの分別管理義務や安全管理義務を課すほうが実態と整合的ではないかという点を含め，適切な規制枠組みを速やかに構築することが必要と考えられる。

③ バスケット通貨担保型ステーブルコイン

バスケット通貨担保型ステーブルコインは，複数の法定通貨または通貨建て資産を裏付け資産として発行されるものである。バスケット通貨担保型ステーブルコインの例としては，当初構想されていた形でのリブラ（Libra）が挙げられる。

バスケット通貨担保型ステーブルコインについても，その発行者が法定通貨での払戻しを約束しているのであれば，通貨建資産に該当するため暗号資産には該当しないと考えられる点，およびバスケット通貨担保型ステーブルコインを用いた金銭の移動が為替取引に含まれる可能性が高い点については，法定通

貨担保型ステーブルコインの場合と同様である。

　もっとも，バスケット通貨担保型ステーブルコインは，法定通貨での払戻しが約束されていたとしても，払戻金額は複数の法定通貨の時価を勘案して決定されることが想定されるため，このような払戻金額の決定方法であっても通貨建資産といえるかどうかについては，一致した見解は存在しない。

④　暗号資産担保型ステーブルコイン

　暗号資産担保型ステーブルコインは，あらかじめ定められた種類の暗号資産をネットワーク上の特定のアドレスに送付すると，スマートコントラクトによって，当該暗号資産がブロックチェーン・ネットワーク上でロックをされ，これと引換えに，法定通貨の価値に連動するように設計されたステーブルコインが生成され当該暗号資産の送付者に引き渡されるものである。暗号資産は法定通貨に対する価格変動リスクがあるため，このステーブルコインの引渡しを望む者は，ステーブルコインの価値よりも一定の割合以上多い暗号資産をロックすることが必要とされるのが通常である。このような暗号資産担保型ステーブルコインの例としては，ダイ（DAI）が挙げられる。

　暗号資産担保型ステーブルコインについては，法定通貨での払戻しが約束されているわけではないため，通貨建資産には該当せず，暗号資産に当たると考えられる。また，このような仕組みの場合，暗号資産担保型ステーブルコインの特定の発行者はいないものと考えられる。

⑤　無担保型ステーブルコイン

　無担保型ステーブルコインは，特定の法定通貨や暗号資産などを裏付けにせず，ブロックチェーンに実装された需給調整メカニズムにより，コインの供給量を調整することで，法定通貨等との価値の連動性を維持しようとするものである。もっとも，現時点において，無担保型ステーブルコインとして一定程度以上の規模で流通しているものは筆者らの知る限り存在しない。

　無担保型ステーブルコインは，前記④の暗号資産担保型ステーブルコインと同様，その発行者はその発行者は法定通貨での払戻しを約束しているわけではないため，通貨建資産には該当せず，暗号資産に該当すると考えられる。

　上記で検討した各類型のステーブルコインの法的性格および適用法令をまとめると，**図表3－3**のとおりとなる。

図表3－3	ステーブルコインの法的性格および適用法令

類　型	法的性格	適用法令
法定通貨担保型	為替取引の手段	資金決済法
バスケット通貨型	為替取引？	資金決済法？
暗号資産担保型	暗号資産	資金決済法
無担保型	暗号資産	資金決済法

(5)　デジタル証券

①　定　義

　デジタル証券とは，法令上明確に定義された概念ではないが，一般に，株式や社債，ファンド持分などを，紙媒体ではなく，「電子情報処理組織を用いて移転することができる財産的価値（電子機器その他の物に電子的方法により記載されるものに限る。）に表示」したもの（＝ブロックチェーン上で生成され発行されるトークンに化体したもの）をいう。このようなデジタル証券は，セキュリティトークンとも呼ばれ，原則として，金商法上の有価証券に該当する。

　有価証券がトークンに表示されるパターンには，以下のものがある。

(i)　有価証券表示権利をトークンに表示するパターン（トークン表示型第一項有価証券）

(ii)　特定電子記録債権をトークンに表示するパターン

(iii)　金融商品取引法2条2項各号に掲げる権利をトークンに表示するパターンのうち流通性等があるもの（電子記録移転権利）

(iv)　金融商品取引法2条2項各号に掲げる権利をトークンに表示するパターンのうち流通性等がないもの（適用除外電子記録移転権利）

　金融商品取引法上，(i)ないし(iv)は「電子記録移転有価証券表示権利等」と定義される（金融商品取引業者等に関する内閣府令1④十七，金商法29の2①八，金融商品取引業者等に関する内閣府令6の3）。

(i)ないし(iv)と対応する規制との関係を図示すると**図表 3 - 4**のとおりとなる。

図表 3 - 4	**有価証券がトークンに表示されるパターンおよび対応する規制の関係**	
	電子的方法により記録され，電子情報処理組織を用いて移転することができる財産的価値に表示されるもの	
金商法 2 条 2 項柱書に規定する有価証券表示権利（例：株券，社債券）	(i)トークン表示型第一項有価証券 →第一項有価証券として規制される	
金商法 2 条 2 項各号に掲げる権利（例：集団投資スキーム持分）	（トークン表示型第二項有価証券）	
	(ii)電子記録移転権利 →第一項有価証券として規制される	(iii)電子記録移転権利から除かれるもの（「適用除外電子記録移転権利」） →第二項有価証券として規制される

以下，それぞれについて概説する。

金融商品取引法 2 条 1 項各号は，株券や社債券など，権利が証券または証書に表示されるタイプの有価証券を列挙している。これらの有価証券については，証券または証書が発行されない場合であっても，有価証券に表示されるべき権利（以下「有価証券表示権利」という）自体を有価証券とみなすこととされている（金商法 2 ②柱書）。このような有価証券表示権利は，ブロックチェーン上で発行されるトークンで表示されるとしても，当該権利自体が有価証券とみなされることには変わりはない。

したがって，株券や社債券といった有価証券をブロックチェーン上のトークンに表示した場合には，トークン表示型第一項有価証券として上記(i)に該当する。

(ii)の「特定電子記録債権」とは，電子記録債権法に規定する電子記録債権のうち政令で指定するものをいうところ（金商法 2 ②柱書），現時点では政令で指定されているものはない。

したがって，特定電子記録債権をトークンに表示することは現時点では想定されず，(ii)に該当するものは事実上存在しない。

(iii)の電子記録移転権利とは，信託受益権や集団投資スキーム持分等の金商法 2 条 2 項各号に規定する権利のうち，「電子情報処理組織を用いて移転するこ

とができる財産的価値（電子機器その他の物に電子的方法により記録されるものに限る。）に表示される」ものをいう（金商法2③柱書）。

　もっとも，上記のようなものであっても，「流通性その他の事情を勘案して内閣府令で定める場合」には，電子記録移転権利には該当しないこととされている。具体的には，以下の要件が満たされている場合には，電子記録移転権利には該当しない（金融商品取引法第二条に規定する定義に関する内閣府令9の2①各号）。

> A）適格機関投資家または特例業務対象投資家以外の者に取得・移転させることができないようにする技術的措置がとられていること
>
> B）当該財産的価値の移転が，その都度，当該権利を有する者からの申し出および当該権利の発行者の承諾がなければ，することができないようにする技術的措置がとられていること

　なお，資金決済法上の「暗号資産」の定義からは電子記録移転権利が除外されているため（資金決済法2⑤ただし書），あるデジタルトークンが電子記録移転権利の定義に該当する場合には，暗号資産の定義に規定されているような性質を同時に併せ持つようなものであったとしても，暗号資産には該当しない。

　暗号資産と電子記録移転権利は，ともに電子情報処理組織を用いて移転することができる電子的方法により記録された財産的価値ではあるものの，その表章する権利の内容および法規制において違いがある。

　すなわち，電子記録移転権利は金融商品取引法2条2項各号に掲げる権利を流通可能なデジタルトークンに表示したものであるため，電子記録移転権利に表章される権利は金融商品取引法上の有価証券としての性質を有する。そのため，電子記録移転権利に関する取引については，以下②でも述べるとおり，金融商品取引法上の有価証券規制の対象となる。他方，暗号資産については，表章される権利に限定はなく，決済手段として用いられる暗号資産のように，そもそも表章される権利が存在しないものもある（例：ビットコイン）。暗号資産に関する取引は，資金決済法の規制の対象となる（前記「(2)　暗号資産」も参照）。

　また，電子記録移転権利は，その保有者に対して事業収益の配分が行われる金融商品取引法上の有価証券であるという点で，資金決済法で決済手段の1つとして位置付けられ規制される前払式支払手段や為替取引とも異なるものとい

える。

(ⅳ)の適用除外電子記録移転権利とは，金商法2条2項各号に規定する権利の
うち，「電子情報処理組織を用いて移転することができる財産的価値（電子機
器その他の物に電子的方法により記録されるものに限る。）に表示される」も
のではあるものの，上記のとおり「流通性その他の事情を勘案して内閣府令で
定める場合」に該当するため，電子記録移転権利には該当しないとされるもの
である。そのようなデジタルトークンについても，有価証券とみなされる金融
商品取引法2条2項各号に掲げる権利をトークンに表示したものである以上，
有価証券に該当する。

②　適用法令

従来，金融商品取引法2条1項各号に掲げる権利については第一項有価証券，
金融商品取引法2条2項各号に掲げる権利については第二項有価証券として取
り扱われ，第一項有価証券についてはその高い流通性に鑑みて，厳格な開示規
制や業規制の対象とされてきた。

この点について，電子記録移転権利は，金融商品取引法2条2項各号に掲げ
る権利ではあるものの，トークンに表示されることによって事実上多くの投資
家間で流通する可能性が高まりうることから，第一項有価証券として取り扱わ
れる。他方，適用除外電子記録移転権利についても，金融商品取引法2条2項
各号に掲げる権利をトークンに表示するものではあるが，「流通性その他の事
情を勘案して内閣府令で定める場合」に該当する場合には当該デジタルトーク
ンが広く流通する蓋然性が事実上ないと考えられるため，従来どおり第二項有
価証券としての取扱いを受ける。

③　開示規制

金商法上，有価証券の募集は，原則として，発行者が届出をしているもので
なければすることができないこととされている（金商法4①）。「募集」の定義は，
その対象が第一項有価証券か第二項有価証券かで異なる。

まず，第一項有価証券については，「募集」とは以下のいずれかに該当する
場合をいう（金商法2③一・二）。

（ⅰ）50名以上の者（適格機関投資家私募の要件を満たした有価証券を取得する適格機関投資家を除く）を相手方として有価証券の取得勧誘を行う場合

（ⅱ）（ⅰ）の場合のほか，適格機関投資家私募，特定投資家私募および少人数私募のいずれにも該当しない場合

　トークン表示型第一項有価証券および電子記録移転権利は第一項有価証券であるため，その発行が上記(ⅰ)(ⅱ)のいずれかの募集の要件に該当する場合には，原則として発行開示が必要となる。具体的には，トークン表示型第一項有価証券および電子記録移転権利の発行者は，発行にあたり有価証券届出書の提出義務（金商法4①）および目論見書の作成義務を負い（金商法13①），その後も有価証券報告書などの継続開示書類を提出する義務を負う。

　これに対して，第一項有価証券の募集に該当しない場合は，開示規制の適用は免除される。第一項有価証券の募集に該当しない場合には，適格機関投資家私募，少人数私募，特定投資家私募があり，以下ではそれぞれの要件について説明する。

　適格機関投資家私募とは，以下のAおよびBの要件をいずれも満たすものをいう（金商法2③ニイ）。

A）適格機関投資家のみを相手方として行うこと

※　適格機関投資家とは，有価証券について専門的知識および経験を有するものとして内閣府令で定められるものをいい，具体的には第一種金融商品取引業または投資運用業を行う金融商品取引業者，投資法人，銀行，保険会社などの機関投資家のほか，有価証券残高が一定の基準を満たすなどの要件に該当する一般事業会社や個人であって金融庁長官に届出をした者などが含まれる。

B）適格機関投資家以外の者に譲渡されるおそれが少ない場合として，下記に掲げる有価証券の区分に応じてそれぞれ要件を満たす場合に該当すること

　（ⅰ）トークン表示型株券の場合（金商令1の4一）

　　・発行者が，その発行する株券と同一の内容を表示した株券等について有価証券報告書提出義務を負っていないこと

- 発行する株券と同一種類の有価証券が特定投資家向け有価証券（金商法4③）でないこと
- 株券に係る権利が表示される財産的価値を適格機関投資家以外の者に移転することができないようにする技術的措置がとられていること
- (ii)　トークン表示型社債券の場合（金商令1の4三，定義府令11②一イ）
  - 発行者が，その発行する社債券と同一種類の有価証券について有価証券報告書提出義務を負っていないこと
  - 発行する社債券と同一種類の有価証券が特定投資家向け有価証券（金商法4③）でないこと
  - 社債券に係る権利が表示される財産的価値を適格機関投資家以外の者に移転することができないようにする技術的措置がとられていること

　少人数私募とは，以下のAおよびBの要件をいずれも満たすものをいう（金商法2③二ハ）。

A）50名未満の者を相手方として勧誘すること（金商法2③一，金商令1の5）
B）多数の者に所有されるおそれが少ない場合として，特定投資家のみを相手方とし，かつ50名以上の者を相手方として行う場合でないこと。また，下記に掲げる有価証券の区分に応じてそれぞれ要件を満たす場合に該当すること（金商法2③二ハ，金商令1の7）
（i）　トークン表示型株券の場合（金商令1の7二イ）
  - 発行者が，その発行する株券と同一の内容を表示した株券等について有価証券報告書提出義務を負っていないこと
  - 発行する株券と同一種類の有価証券が特定投資家向け有価証券（金商法4③）でないこと
（ii）　トークン表示型社債券の場合（金商令1の7二ハ，定義府令13③一イ）
  - 発行者が，その発行する社債券と同一種類の有価証券について有価証券報告書提出義務を負っていないこと
  - 発行する社債券と同一種類の有価証券が特定投資家向け有価証券（金商法4③）でないこと

- (a)社債券に係る権利を取得し，もしくは買い付けたものがその取得もしくは買付けに係る権利を表示する財産的価値を一括して移転する場合以外に移転することができないようにする技術的措置がとられていること，または(b)社債券の枚数もしくは単位の総数が50未満である場合において，単位に満たない社債券に係る権利を表示する財産的価値を移転することができないようにする技術的措置がとられているという要件を満たしていること

　特定投資家私募とは，以下のAおよびBの要件をいずれも満たすものをいう（金商法2③二ロ）。

A）特定投資家のみを相手方として行う場合であること
B）取得勧誘の相手方が日本国，日本銀行および適格機関投資家以外の者である場合には金融商品取引業者等が顧客からの委託によりまたは自己のために取得勧誘を行うこと
C）当該有価証券がその取得者から特定投資家等以外に譲渡されるおそれが少ないものとして有価証券ごとに定められている譲渡制限を満たすこと
　　（金商令1の5の2）
　(i)　トークン表示型株券の場合（金商令1の5の2②一）
　　・その発行する株券と同一の内容を表示した株券等について有価証券報告書提出義務を負っていないこと
　　・株券に係る権利が表示される財産的価値を特定投資家以外の者に移転することができないようにする技術的措置がとられていること
　(ii)　トークン表示型社債券の場合（金商令1の5の2②三，定義府令12①一）
　　・その発行する社債券と同一種類の有価証券について有価証券報告書提出義務を負っていないこと
　　・社債券に係る権利が表示される財産的価値を特定投資家以外の者に移転することができないようにする技術的措置がとられていること

　第二項有価証券については，「募集」とは，第二項有価証券の取得勧誘に応じることにより500名以上のものが当該有価証券を所有することとなる場合を

いう（金商法2③三，金商令1の7の2）。第一項有価証券の場合とは異なり，第二項有価証券を499名以下の者に取得させる形で私募を行う場合には，私募要件との関係では転売制限を付すことは求められていない。

第二項有価証券の募集が行われる場合には，第一項有価証券と同様，原則として発行開示が必要となる。

④　業規制

第一項有価証券であるトークンに表示される有価証券表示権利，トークンに表示される特定電子記録債権および電子記録移転権利の売買や募集の取扱い等を行うにあたっては，金融商品取引法に基づき，第一種金融商品取引業者としての登録が必要となる（金商法29，28①一）。一方で，第二項有価証券である適用除外電子記録移転権利の売買や募集の取扱い等を行うにあたっては，第二種金融商品取引業者としての登録が必要となる（金商法29，28②二）。また，すでに登録を受けている金融商品取引業者が，新たに電子記録移転権利を取り扱おうとする場合には，変更登録を受ける必要がある（金商法31④）。

金融商品取引業者は，金融商品取引法に基づき，顧客への情報提供義務（契約締結前交付書面の交付義務等），勧誘・広告規制，禁止行為，適合性原則，顧客財産の分別管理義務，適切な体制整備義務等の規制に服する。以下では，利用者保護および他の業との比較の上で，特に重要となる顧客財産の分別管理義務や適切な体制整備義務について概観する。

（ⅰ）　顧客財産の分別管理義務

金融商品取引業者は，有価証券の取引に関して，顧客から預かった金銭を自己の金銭と分別して管理し，信託会社等へ信託しなければならない（金商法43の2②，金融商品取引業等に関する内閣府令141）。

また，金融商品取引業者は，顧客から預かった電子記録移転有価証券表示権利等についても，自己の電子記録移転有価証券表示権利等と分別して管理しなければならない（金商法43の2①）。具体的には，金融商品取引業者は，①預託を受けた電子記録移転有価証券表示権利等を自己の有価証券等と明確に区分し，どの顧客の電子記録移転有価証券表示権利等であるかが直ちに判別できる状態

で管理しなければならない。これに加え，原則として，②(i)電子記録移転権利を自己で管理する場合は，一度もインターネットに接続していない電子機器等で管理するか，これと同等の技術的安全管理措置を講じて管理し，(ii)第三者に管理を委託する場合にも，自己で管理する場合と同等の顧客の保護が確保されていると合理的に認められる方法で管理することが必要である（金融商品取引業等に関する内閣府令136①五・六，金商業者等監督指針Ⅳ-3-6-6）。

なお，「顧客から電子記録移転有価証券表示権利等を預かる」とは，例えば，顧客の関与なく，単独または委託先と共同して，権利等を表示する財産的価値を移転することができうるだけの秘密鍵を保有する場合など，主体的に財産的価値の移転を行いうる状態にある場合には，基本的に，当該権利の預託を受けたことになると考えられている（金融庁令和2年パブコメNo.160，161）。

(ii) 適切な体制整備義務

電子記録移転有価証券表示権利等の取引を行う金融商品取引業者は，顧客の投資経験や財産状況に加えて，電子記録移転有価証券表示権利等の保有・移転の仕組み，これに起因するリスクに関する理解度，同様の仕組みを用いた商品の取引経験等についても考慮した取引開始基準を定める必要がある（金商業者等監督指針Ⅳ-3-6-2(1)②）。

また，金融商品取引業者が電子記録移転権利の引受け等を行うにあたっては，①取引に利用されるネットワーク等の実質的かつ的確な審査および審査結果の確実な検証を行うための社内体制・規程の整備，②他者に依存しない自主的な審査の確保，③審査部門の独立性確保のための体制整備，④利益相反防止のための態勢整備，⑤価格の算定方法その他の引受け等の条件を適切に決定するための態勢・規程の整備が求められている（金商業者等監督指針Ⅳ-3-6-8(1)）。

(6) その他

その他のデジタル資産として考えられるものとしては，ポイント，ノンファンジブル・トークンおよびデジタル会員権等がある。

①　ポイント

ポイントとは，明確な法律上の定義はないが，一般に，商品を購入した際または役務の提供を受けたときに無償で付与され，次回以降の買い物等の際に代価の弁済の一部に充当することができるものをいう。

ポイントは，通常，商品等の購入にあわせて無償で付与されるものであることから，前払式支払手段の要件である「(ii)　金額または数量等に応ずる対価を得て発行される証票等，番号，記号その他の符号であること（対価発行）」の要件を欠き，前払式支払手段には該当しない。ただし，前払式支払手段や為替取引を行う業者によって発行されるデジタルマネーまたは暗号資産に該当するデジタルマネーを支払ってポイントの付与を受ける場合など，対価を得てポイントを付与していると認められるときは，(ii)対価発行の要件を満たし，当該ポイントは前払式支払手段に該当するものと考えられる。

また，ポイントは，通常，当該ポイントの発行者およびその加盟店等の特定の者に対してのみ使用することができるため，「不特定の者」に対する使用可能性を欠き，１号暗号資産には該当しないものと考えられる。ただし，ポイントをブロックチェーン上のトークンとして発行した場合，当該ブロックチェーン上で不特定の者との間で１号暗号資産であるビットコインなどと相互に交換することができる仕組みが備わっているときは，２号暗号資産に該当する可能性がある。

②　ノンファンジブル・トークン（NFT）

ノンファンジブル・トークン（NFT）とは，一般に，ブロックチェーン上で発行されるトークンのうち，トークン自体に固有の値や属性を持たせた代替性のないトークンをいう。通常のブロックチェーン上のトークンとは異なり，NFTには同じトークンは存在せず，１つひとつが他のトークンと区別可能な個性を有している。

NFTは，物品・役務提供の代価の弁済として不特定多数の者に使用されることが想定されておらず，決済手段性が認められないため，１号暗号資産には該当しないと考えられる。

また，上記①で述べたとおり，NFTには同じものは存在せず，１つひとつ

が他のトークンと区別できる個性を有している限り，１号暗号資産と同等の支払・決済手段としての経済的機能を有していないと考えられる。したがって，２号暗号資産にも該当しないものと考えられる。

　以上より，NFTは，それぞれが他のトークンと区別可能な実態を有している限りにおいては，法規制の対象とはならないと考えられる。

③　デジタル会員権

　デジタル会員権とは，法令上の定義は存在しないが，一般に，金銭の払込みと引換えに，発行者のサービスの提供を受ける権利を付与されるものをいう。

　デジタル会員権は，発行時に金銭による払込みが行われるため，通貨建資産に当たり，暗号資産には該当しないと考えられる。

　また，デジタル会員権は，一般に，保有している間は繰り返し発行者のサービスを利用する権利を有すると解されるため，使用することによってその価値が減少するわけではない。その点で，物品の購入やサービスの提供の対価の支払のために使用すると，使用に係る分の価値が消滅する前払式支払手段とは異なる。また，デジタル会員権の金銭での払戻しが約束されていないとすれば，為替取引の手段にも該当しないと考えられる。

(7)　デジタル資産の法的性格選択のキーファクター

　新たにデジタル資産を発行することを検討する事業者が，どのような法規制の下でビジネスモデルを構築するかの決定に際しては，①取引時確認義務，②顧客資産保護のための義務，および③財務規制が考慮要素となることが多い。以下，各考慮要素について解説する。

①　取引時確認義務

　まず，重要な考慮要素になりうるのが，犯罪による収益の移転防止に関する法律（以下「犯収法」という）に基づく，利用者に対する取引時確認等の義務の履行である。

　犯収法に基づく取引時確認が要求される場合，仮に店頭においてデジタル資産の発行申込を受ける場合であっても，運転免許証やパスポートなど，一定の

顔写真付きの本人確認書類などの提示を受けるか，または，そのような本人確認書類を利用者が有しない場合には，健康保険証や印鑑登録証明書といった，顔写真が付いていないことにより証明力が低いとされる一定の本人確認書類2種の提示を受ける必要があることになる。

　デジタル資産の取得の申込みはインターネット上で行われることが多く，取引時確認についても，顧客と対面することなく行われるのが通常であると考えられるところ，そのような非対面取引の場合については，より複雑な手続が要求される。非対面の取引時確認方法としては，本人確認書類またはその写しの送付を受けて，その本人確認書類に記載されている住居に宛てて取引関係文書を書留郵便等により，転送不要郵便物等として送付する方法があるほか，オンラインで完結する取引確認方法として，本人確認に用いるアプリを，本人確認を行わなければならない事業者の側で用意し，そのアプリを通じて利用者本人の容貌を撮影させるなどの方法がある。

　また，犯収法上の取引時確認義務は，上記の本人確認書類の提示と確認によって完結するものではなく，申告された本人特定事項（個人であれば氏名，住居，生年月日）と身分証明書上の各事項の一致の確認のほか，取引の目的や職業の申告を受けなければならない（犯収法4①）。さらに，本人確認終了後も直ちに法所定の事項に係る確認記録を作成し，これを取引終了日から7年間保存しなければならない（犯収法6①②）。また，犯罪による収益との関係が疑われる「疑わしい取引」について，これを的確に検知・監督・分析できる態勢を整備し，特定業務において収受した財産が犯罪による収益である疑いがある場合等において，関連する行政庁に届出を行わなければならない（犯収法8①）。

　このような犯収法上の取引時確認等の義務は，同法上の「特定事業者」（犯収法2②）とされる類型の業務を行う事業者にのみ課されている。上記「(1)デジタル資産の金融規制法上の分類」のデジタル資産に関連する範囲では，前払式デジタルマネーの発行者である前払式支払手段発行者，ポイント・NFT（暗号資産に該当しないものに限る）・デジタル会員権の発行者は特定事業者に該当しないが，暗号資産を取り扱う暗号資産交換業者，法定通貨担保型ステーブルコインの発行者である資金移動業者およびデジタル証券を取り扱う金融商品

取引業者は特定事業者に該当することとなる。

　したがって，ビジネスモデルの選択・構築にあたっては，上記のような取引時確認義務を負うことを許容できるか否かが重要な考慮要素になる。例えば，払戻し可能なデジタルマネーの発行を希望する（すなわち，資金移動業者としての登録が必要になる）等の理由によって，取引時確認義務を負う形でのビジネスモデル構築が不可避である場合には，取引時確認義務を適法に履行するために，いかなる本人確認方法を選択するか，本人確認プロセスの一部または全部を第三者に委託するか等についての検討が必要となる。また，犯収法上，一定の場合には他の特定事業者が行った取引時確認に依拠することで上記の形式での取引時確認プロセスを踏まないことも許容されており，このような手段が採用可能かも検討事項となる。

②　顧客資産保護のための義務

　顧客資産保護のための義務の程度についても，ビジネスモデル選択にあたって考慮するべき要素である。

　上記「(1)デジタル資産の金融規制法上の分類」のデジタル資産に関連する範囲では，暗号資産を取り扱う暗号資産交換業者，前払式デジタルマネーの発行者である前払式支払手段発行者，法定通貨担保型ステーブルコインの発行者である資金移動業者およびデジタル証券を取り扱う金融商品取引業者にあっては，顧客財産を預かることが想定されているため，顧客財産を保全するための義務が法令上課されている。

　特徴的なのは前払式支払手段発行者と資金移動業者の間の差異であり，前者は（基準日）未使用残高の2分の1を保全すれば足りる（資金決済法14①）のに対し，後者は，要履行保証額の100％を保全することが要求されている（資金決済法43①）。加えて，前者は原則として半年ごとの基準日（毎年3月31日および9月30日）における未使用残高を基準にすればよいのに対し，後者は週単位で要履行保証額を満たす必要がある。

　これに対して，顧客資産を一切預からないビジネスモデルであれば，法令上も顧客資産の保護は義務付けられていない。あくまで自己の出捐によって顧客へのサービスとしてデジタル資産を発行する業者であるポイント発行者がこれ

に該当する。

　加えて，NFTについては，暗号資産に該当しない場合には，その発行および取扱いは法令上のライセンスに基づく業務ではないため，法令上の顧客資産の保全義務を課されていない。

③　財務規制

　財務規制は，通常，一定程度の資本金または純資産を業務開始後，常に保持していなければならないという形で課されることになる。特に大企業のバックアップを受けないスタートアップ等が事業を行うにあたっては，重要な判断要素となるものと考えられる。実務的には，法律上要求される最低限の資本金または純資産額を満たせば業登録ができるわけではなく，その行うビジネスモデルにおいて利用者保護のため必要十分な資本の確保が規制当局より要求されることとなる。

　上記「(1)デジタル資産の金融規制法上の分類」のデジタル資産に関連する範囲では，暗号資産を取り扱う暗号資産交換業者，前払式デジタルマネーの発行者である前払式支払手段発行者，法定通貨担保型ステーブルコインの発行者である資金移動業者およびデジタル証券を取り扱う金融商品取引業者にあっては，各業法の財務規制の対象となる。

　他方，ポイント・NFT（暗号資産に該当しないものに限る）・デジタル会員権の発行者については，特段財務規制を受けることなく，ビジネスを行うことができる。

2 ── 暗号資産とマネー・ローンダリング

(1)　暗号資産の特徴

　暗号資産の代表的存在であるビットコインの歴史は，2008年10月に発表されたSatoshi Nakamoto名義の「Bitcoin: Peer-to-Peer Electronic Cash system」という論文から始まった。タイトルのとおり，ビットコインの特徴は，インターネット上で価値（ビットコイン）をやりとりできる仕組みになっている点である。ビットコインは分散化されたピア・トゥ・ピア（P2P）のネットワー

クで取引されるため，銀行などの中央管理者が存在しなくても，パソコンやスマートフォンがあれば，個人間で安く，早くネットワーク上の誰にでも送付することができる。

　ビットコインにおいては，そのネットワークを支えるコンピューター機器（以下「ノード」という）が分散して保有されており，特定の機関や法人が当該ネットワークを運営しているわけではないことから，ネットワークへの攻撃がしづらいという利点がある一方で，規制当局からみた場合，ネットワークそのものに規制をかけることが困難である。

　また，ビットコインのアドレスおよび取引履歴はすべて公開されており，インターネット上で誰でも閲覧可能であるという点も特徴として挙げられる。ビットコインには匿名性があるともいわれるが，アドレスや取引履歴はすべて公開されていることから，完全な匿名性はない（半匿名性ともいわれる）。つまり，アドレスと個人とが紐付いていない場合，それが誰のアドレスであるかはわからないが，一度，アドレスと個人が紐付けば，ネットワーク上でのすべての取引履歴が明らかになるという性質もある。とはいえ，ビットコインのアドレスを保有するのに規制当局が監督する事業者による本人確認手続はもとより不要であるから，ビットコインのネットワークに記録された取引と特定の個人を結び付けることは必ずしも容易ではない。

　これらのビットコインの特徴，すなわちP2Pの分散化されたネットワークにおいて価値の移転が可能であるという点や，一定の匿名性があるという点は，個々の暗号資産において例外もあるものの，おおむね暗号資産一般に共通するということができる。

(2)　マネー・ローンダリングのリスク

　暗号資産は銀行等を通さずに個人間で簡単にクロスボーダーの取引ができるという大きな利便性を提供するが，こうした利便性は，他方で犯罪者に対しても大きな利便性を提供することになる。

　例えば，ビットコインの初期の歴史においては，ダークウェブ上の違法薬物取引サイト「Silk Road」でビットコインが決済手段として利用されていたことが有名である。同サイトは，2013年10月に運営者の逮捕によって閉鎖された

が，その後も同種のサイトが生まれているといわれている。また，近時ではコンピュータウイルス等のマルウエアによるシステムへのアクセス制限において，これを解除するための身代金としてビットコインの支払を攻撃者が求めることが珍しくない。

国家公安委員会が公表している令和元年12月版「犯罪収益移転危険度調査書」においては，暗号資産は，利用者の匿名性が高いという性質や，その移転が国際的な広がりを持ち，迅速に行われるという性質を有するほか，暗号資産に対する規制が各国において異なること等から，犯罪に悪用された場合には，当該犯罪による収益の追跡が困難となることなどを理由として，暗号資産取引がマネー・ローンダリングに利用されるリスクは，他業態よりも相対的に高いと結論付けている。

暗号資産取引を行う業者は，銀行などと同じ法律の枠組みにおいてマネー・ローンダリング対策に取り組んでいるが，これら暗号資産の特徴やリスクを前提に，対策に取り組む必要がある。

(3)　犯罪収益移転防止法およびAML／CFTガイドライン
①　犯罪収益移転防止法

犯罪による収益が移転することを見逃すと，その犯罪収益が組織的犯罪を助長するために使用されることや，他の事業活動に用いられることにより健全な経済活動が害されたり，犯罪収益の剥奪や被害回復が困難になるなどの重大な結果が生じるリスクがある。これらのリスクに対処する一方策として，わが国では「犯罪による収益の移転防止に関する法律」（以下「犯収法」という）が定められている。

同法の目的は，犯罪収益の移転防止を図り，あわせてテロリズムへの資金供与の防止に関する国際条約等の的確な実施を確保し，国民生活の安全と平穏を確保するとともに，経済活動の健全な発展に寄与することにある（犯収法1）。このような目的を達成するため，犯収法においては，金融機関等の一定類型の事業者（特定事業者）に対して，以下の義務を課している。なお，特定事業者には暗号資産交換業者も含まれるが，暗号資産交換業者の登録のみでは法定通貨の送金取引を行うことはできないため，暗号資産交換業者は，**図表3－5**の

うち，法定通貨の送金取引が可能な金融機関に対する義務の対象とはなっていない。

| 図表3－5 | 犯罪収益移転防止法で定められている義務 |

義務主体	義務の内容
特定事業者	取引時確認（第4条）
特定事業者	取引時確認を行った場合の確認記録の作成・保存（7年間保存，第6条）
特定事業者	取引記録の作成・保存（7年間保存，第7条）
特定事業者（士業者を除く）	疑わしい取引の届出義務（第8条）
銀行や資金移動業者等，為替取引（送金取引）の可能な金融機関	コルレス契約（外国為替取引のために金融機関が海外の金融機関と結ぶ，為替業務代行の契約）締結時の厳格な確認（第9条）
特定事業者	外国為替取引（外国送金取引）に係る通知（第10条）
特定事業者	取引時確認等を的確に行うための措置（第11条） 具体的には，以下の措置をとることが求められる（②～⑧の措置は努力義務） ① 確認した情報を最新の内容に保つための措置 ② 使用人に対する教育訓練の実施 ③ 取引時確認等の措置の実施に関する規程の作成 ④ リスク評価，情報収集，記録の精査 ⑤ 取引時確認等の実施等に関する事項を統括管理する者の選任 ⑥ リスクの高い取引を行う際の対応 ⑦ 必要な能力を有する職員の採用 ⑧ 取引時確認等に係る監査の実施

　上記のうち，取引時確認は，KYC（Know Your Customer）とも呼ばれる犯収法上の中核的な義務の1つである。取引時確認を行い，その結果を記録することによって，マネー・ローンダリング等の不正行為の抑止効果が期待されるとともに，不正行為が疑われる取引（疑わしい取引）の発見や，警察当局等による事後的な追跡・捕捉を可能とすることが目的と考えられる。取引時確認が求められる要件については法令上詳細に定められているが，一般的には，暗号資産交換業者での口座開設時に取引時確認が求められ，その後はIDやパスワード等により取引時確認済みであることの確認を行うことになる。

　取引時確認は，取引のリスクに応じて通常の取引時確認と厳格な取引時確認に分かれている。このうち，通常の取引時確認の顧客属性ごとの確認項目は，図表3－6のとおりである。

図表3－6　顧客属性ごとの確認項目

確認項目 ＼ 顧客属性	自然人	法　人	国，地方公共団体，上場企業等	人格のない社団等
顧客等の本人特定事項	○（氏名・住居・生年月日）	○（名称・本店または主たる事務所の所在地）	不要	不要
取引を行う目的	○	○	不要	○
職業または事業の内容	○（職業）	○（事業の内容）	不要	○（事業の内容）
実質的支配者の本人特定事項	不要	○	不要	不要
代表者等が顧客等のために取引の任に当たっていること	代理人等による取引の場合は必要	○	○	不要
代表者等の本人特定事項	代理人等による取引の場合は必要	○	○	○

　これに対して，ハイリスク取引については，通常の取引時確認と同様の確認事項に加え，その取引が200万円を超える財産の移転を伴うものである場合には，「資産および収入の状況」の確認を行うことが必要となる。なお，ハイリスク取引とは，次のいずれかに該当する取引をいう。

- なりすましの疑いがある取引または本人特定事項を偽っていた疑いがある顧客等との取引
- 特定国等（本項執筆時点ではイランおよび北朝鮮）に居住・所在している顧客等との取引
- 外国PEPs（重要な公的地位にある者（Politically Exposed Persons））との取引

　犯収法においては，取引時確認の方法についても詳細な規定がなされている。

自然人との対面取引においては，顧客等または代表者等から運転免許証などの写真付き本人確認書類の提示を受ける方法が典型的である。

暗号資産取引においては，ほとんどの場合はインターネット経由での非対面取引となる。非対面取引の場合，例えば，顧客等または代表者等から，本人確認書類の送付を受けるとともに，当該本人確認書類に記載されている顧客等の住居宛に，取引関係文書を書留郵便等により，転送不要郵便物等として送付する方法がとられる場合が多い。また，2018年11月施行の犯収法施行規則の改正により，オンラインで取引時確認を完了させる方法，いわゆるeKYC（electronic Know Your Customer）が可能となった。eKYCによる場合，例えば，顧客等または代表者等から，特定事業者が提供するソフトウェアを使用して，本人確認用画像情報（当該ソフトウェアにより撮影された顧客等の要望および顔写真付き本人確認書類）の送信を受ける方法をとることが可能である。

次に，**図表3－5**のうち，疑わしい取引の届出について補足する。同制度は，犯罪収益に係る取引に関する情報を集めて捜査に役立てることを主目的とするが，金融サービスが犯罪に利用されることを防止し，金融サービスへの信頼を確保することも目的とする制度である。

犯収法では，司法書士等の士業者を除く特定事業者は，以下のいずれかの場合に，疑わしい取引の届出を行政庁に行うこととされている。

- 特定業務において収受した財産が犯罪による収益である疑いがある場合
- 顧客等が特定業務に関し組織的犯罪処罰法10条の罪もしくは麻薬特例法6条の罪に当たる行為を行っている疑いがある場合

「犯罪による収益」については，組織的犯罪処罰法2条4項に規定する「犯罪収益等」または麻薬特例法2条5項に規定する「薬物犯罪収益等」のことを指すが，例えば，詐欺や横領・背任，贈収賄，税法違反，覚せい剤取締法違反など多くの犯罪を含むことに留意が必要である。「組織的犯罪処罰法10条の罪」とは，犯罪収益等の取得もしくは処分につき事実を仮装し，または犯罪収益等を隠匿する罪をいう。「麻薬特例法6条の罪」とは，大麻や麻薬等の薬物犯罪により得た収益の仮装，隠匿する罪をいう。

②　金融庁AML ／ CFTガイドライン

　金融庁は，2018年 2 月 6 日，犯収法の特定事業者のうち，金融庁管轄の事業者に対して，リスクベース・アプローチでのマネロン・テロ資金供与対策と管理体制の整備を求める内容の「マネー・ローンダリング及びテロ資金供与対策に関するガイドライン」（AML ／ CFTガイドライン）を公表し，同日から適用が開始された。

　AML ／ CFTガイドラインは，実質的に犯収法上の義務に要求事項を上乗せするものとなっている。ただし，犯収法は，基本的に行うべきことが一律に決まっているルール・ベースの内容となっているのに対して，AML ／ CFTガイドラインはリスクベース・アプローチを採用しており，各事業者が自らのマネロン・テロ資金供与リスクを特定・評価し，これを実効的に低減するため，当該リスクに見合った対策を講ずることを求めている点において，アプローチに大きな違いがある。

　このように実質的に法令上の規制の上乗せとなるガイドラインが策定されたのは，後述するFATF勧告で各国に対して要求されるリスクベース・アプローチ等の要件に準拠するためと考えられる。AML ／ CFTガイドラインの法律上の位置付けについて，金融庁は，法令等に定められた監督権限に基づき，各金融機関等に「対応が求められる事項」等を明確化したものであり，FATF基準における「Enforceable Means」（執行可能な手段）に該当すると説明している[1]。

　AML ／ CFTガイドラインは，リスクベース・アプローチを①リスクの特定，②リスクの評価，③リスクの低減の 3 つに分けた上で，「対応が求められる事項」と「対応が期待される事項」をそれぞれ定めている。

　AML ／ CFTガイドラインによれば，リスクの特定とは，当該金融機関自身が提供している商品・サービスや，取引形態，取引に係る国・地域，顧客の属性等のリスクを包括的かつ具体的に検証し，直面するマネロン・テロ資金供与リスクを特定するものであり，リスクベース・アプローチの出発点とされる。

　次に，リスクの評価とは，特定されたマネロン・テロ資金供与リスクの自ら

---

[1]　https://www.fsa.go.jp/news/30/20180206/gaiyou.pdf

への影響度等を評価し，リスク低減措置等の具体的な対応を基礎付け，リスクベース・アプローチの土台となるものであり，自らの事業環境・経営戦略の特徴を反映したものである必要がある。

そして，リスクの低減については，特定し評価されたリスクを前提に，実際の顧客の属性・取引の内容等を調査し，調査の結果をリスク評価の結果と照らして，講ずべきリスク低減措置を判断した上で，当該措置を実施することが求められる。リスク低減措置のうち，特に個々の顧客に着目し，金融機関自らが特定・評価したリスクを前提として，個々の顧客の情報や当該顧客が行う取引の内容等を調査し，調査の結果をリスク評価の結果と照らして，講ずべき低減措置を判断・実施する一連の流れを「顧客管理」（カスタマー・デュー・ディリジェンス：CDD）と呼んでおり，リスク低減措置の中核的な項目であるとされている。

AML／CFTガイドラインは，金融機関における管理体制の整備に関し，次のような内容を求めている。

- マネロン・テロ資金供与対策に係る方針・手続・計画等の策定・実施・検証・見直し（PDCA）を行って改善を図っていくこと
- マネロン・テロ資金供与対策を経営戦略等における重要な課題の1つとして位置付けることなど，経営陣の主体的な関与・理解を高めること
- 営業部門，コンプライアンス部門等の管理部門および内部監査部門のそれぞれが自らの担う役割を明確に自覚して実施することで「3つの防衛線（three lines of defense）」を有効に機能させるなど，各金融機関の業務の内容や規模等に応じ，有効なマネロン・テロ資金供与リスク管理態勢を構築すること
- 金融機関等がグループを形成している場合には，グループ全体としてのマネロン・テロ資金供与対策に係る方針・手続・計画等を策定し，グループ全体に整合的な形で，必要に応じ傘下事業者等の業態等による違いも踏まえながら，これを実施すること
- 役割に応じた専門性・適合性等を有する職員を必要な役割に応じ確保・育成しながら，適切かつ継続的な研修等（関係する資格取得を含む）を行うことにより，組織全体として，マネロン・テロ資金供与対策に係る理解を

深め，専門性・適合性等を維持・向上させていくこと

③　金融庁事務ガイドライン

「事務ガイドライン」は，行政部内の職員向けの手引書であるが，行政の統一的な運営を図るための法令解釈，行政部内の手続および金融機関の財務の健全性や業務の適切性等の着眼点等につき，まとめられており，一般に公表されている。

金融庁は，「事務ガイドライン第三分冊：金融会社関係16.暗号資産交換業者関係」として，暗号資産交換業者に関する事務ガイドラインを公表している。このうち「Ⅱ－2－1－4　取引時確認等の措置」において，マネー・ローンダリング対策について定められている。犯収法やAML／CFTガイドラインに関し，暗号資産の特徴を反映した解釈も示されているため，参考になる。例えば，疑わしい取引の届け出を行うための態勢構築にあたりブロックチェーン解析ツールを導入する場合には，疑わしい取引該当性の確認・判断にあたって，顧客が保有するアドレス等を通じて行われたブロックチェーン上の取引の態様も考慮すべきことなどが示されている。

④　日本暗号資産取引業協会の自主規制規則

暗号資産交換業および暗号資産関連デリバティブ取引業の自主規制団体である日本暗号資産取引業協会（JVCEA：Japan Virtual and Crypto assets Exchange Association）は，マネー・ローンダリング対策の自主規制規則を策定している。当該規則は，基本的には犯収法およびAML／CFTガイドライン，金融庁事務ガイドライン等の内容に沿ったものとなっているが，犯収法上は取引記録等の作成義務が免除されている少額の取引についても取引記録の作成を義務付けるなど，法令上の義務を加重する内容が含まれているため，留意が必要である。

また，JVCEAは，定款および自主規制規則に基づき，会員である暗号資産交換業者に対するマネー・ローンダリング対策に係る体制整備の状況のチェックを含む監査や，会員による疑わしい取引の届出状況のモニタリングを行うことで，暗号資産業界の健全な発展に取り組んでいる。

(4) その他の関連法令

① 外国為替及び外国貿易法

外国為替及び外国貿易法（外為法）は，わが国と外国との間の資金や財・サービスの移動などの対外取引や，居住者間の外貨建て取引に適用される法律である。外為法は，これらの対外取引を決済するための「支払または支払の受領」に係る規制や制限も定めている。

2018年5月，財務省は，外為法の「支払または支払の受領」について，法定通貨の移転だけでなく，当事者間で債権債務の消滅や財産的価値の移転があったと同視しうる財の移転があれば，同法上の「支払」に含まれるとして，暗号資産に関する取引もこれに該当しうることを明らかにした。具体的には，例えば，日本と外国との間または居住者と非居住者との間で，債権債務の消滅や財産的価値の移転を行い，その対価として暗号資産により支払をした場合または支払の受領をした場合であって，当該対価が3,000万円相当額を超える場合には，日本円や米国ドル等の法定通貨を用いた支払または支払の受領と同様に，財務大臣への報告が必要となる。そのほか，報告が必要となる暗号資産に関する取引の主な事例として，以下の取引が挙げられている。

- 暗号資産を売買する取引であって，当該取引に関して支払または支払の受領が法定通貨または暗号資産で行われたもの
- 暗号資産を交換する取引
- 暗号資産を移転する取引
- 暗号資産に関する取引で生じた利益金，配当金または手数料等に係る支払または支払の受領
- 暗号資産に関する取引を委託し，または受託した際の預け金または預り金に係る支払または支払の受領
- 財貨，サービスまたは金融等に関する原取引があり，当該取引に関して支払または支払の受領が暗号資産で行われたもの 等

② 国際テロリスト財産凍結法

国際テロリスト財産凍結法（正式名称は「国際連合安全保障理事会決議第千二百六十七号等を踏まえ我が国が実施する国際テロリストの財産の凍結等に関する特別措置法」）は，

国家公安委員会が氏名等を公告する国際テロリストについて，規制対象財産の贈与や貸付け，売却などの行為を行う場合に，都道府県公安委員会の許可を要するものとしている。

2017年4月1日施行の改正法によって，規制対象財産に暗号資産が追加され，公告国際テロリストによる暗号資産の売却等には許可が必要となった。また，同法は，何人に対しても，公告国際テロリストを相手方として規制対象財産の贈与，貸付けをすること，規制対象財産の売却，貸付その他の処分の対価を支払うことなどの行為を禁止している。これに違反した場合には，公安委員会から違反してはならない旨の命令を受けるおそれがあり，命令にも違反した場合には，刑事罰の対象となる。

⑸　FATF勧告
①　FATFとは

金融活動作業部会（FATF：Financial Action Task Force）とは，1989年のアルシュ・サミット経済宣言を受けて設立された政府間会合である。

主に，マネロン対策の国際協力を強化するために設立されたが，2001年9月の米国同時多発テロ事件発生以降は，テロ資金供与に関する国際的な対策と協力の推進も行うことを目的としている。現在，日本を含む37の国・地域および2つの国際機関が参加している。さらに，世界の各地域に設けられているFATF型地域体に参加すればFATF勧告を含むFATFの枠組みに参加することとなり，その意味でFATF勧告は190以上の国・地域に適用されていることとなる。

FATFの主な活動は以下のとおりである。

- マネロンおよびテロ資金供与対策に関する国際基準（FATF勧告）の策定・見直し
- FATF参加国・地域相互間におけるFATF勧告の遵守状況の監視（相互審査）
- FATF非参加国・地域におけるFATF勧告遵守の推奨
- マネロンおよびテロ資金供与の手口および傾向に関する研究

FATF勧告に法的拘束力はないとされているが，相互審査等の枠組みによって，事実上の拘束力が存在する（仲浩史「『有効性』が焦点となるFATF第4次審査」金融財政事情3047号（2013年）76頁）。また，FATFの策定する文書のうち，勧告，

勧告の解釈ノートおよび用語集はFATF基準を構成し，審査において義務的に用いられる。これに対してガイダンス等の文書は各国がFATF基準を実施することを支援するために作成される文書であると位置付けられている。

FATF勧告の概要は**図表３－７**のとおりである。

図表３－７ **FATF勧告40の概要**

勧告	内容	勧告	内容
1	リスク評価とリスクベース・アプローチ	21	内報禁止及び届出者の保護義務
2	国内関係当局間の協力	22	DNFBPにおける顧客管理
3	資金洗浄の犯罪化	23	DNFBPによる疑わしい取引の報告義務
4	犯罪収益の没収・保全措置	24	法人の実質的所有者
5	テロ資金供与の犯罪化	25	法的取極の実質的所有者
6	テロリストの資産凍結	26	金融機関に対する監督義務
7	大量破壊兵器の拡散に関与する者への金融制裁	27	監督当局の権限の確保
8	非営利団体（NPO）悪用防止	28	DNFBPに対する監督義務
9	金融機関秘密法が勧告実施の障害となることの防止	29	FIUの設置義務
10	顧客管理	30	資金洗浄・テロ資金供与の捜査
11	本人確認・取引記録の保存義務	31	捜査関係等資料の入手義務
12	PEP（重要な公的地位を有する者）	32	キャッシュ・クーリエ（現金運搬者）への対応
13	コルレス銀行業務	33	包括的統計の整備
14	送金サービス提供者の規制	34	ガイドラインの策定業務
15	新技術の悪用防止	35	義務の不履行に対する制裁措置
16	電信送金（送金人・受取人情報の通知義務）	36	国連諸文書の批准
17	顧客管理措置の第三者依存	37	法律上の相互援助，国際協力
18	金融機関・グループにおける内部管理方針の整備義務，海外支店・現法への勧告の適用	38	法律上の相互援助：凍結及び没収
19	勧告履行に問題がある国・地域への対応	39	犯人引渡
20	金融機関における資金洗浄，テロ資金供与に関する疑わしい取引の届出	40	国際協力（外国当局との情報交換）

（注１）DNFBP（Designated Non-Financial Businesses and Professions：指定非金融業者・職業専門家）とは，(a)カジノ，(b)不動産業者，(c)貴金属商，(d)宝石商，(e)弁護士，公証人その他の独立法律専門家及び会計士，(f)トラスト・アンド・カンパニー・サービスプロバイダー（その他の業種に含まれない，法人設立の仲介者として行動する業者等のこと。

（注２）FIU（Financial Intelligence Unit：資金情報機関）とは，資金洗浄やテロ資金に係る資金情報を一元的に受理・分析し，捜査機関等に提供する政府機関のこと。

（出所）財務省国際局「金融活動作業部会について」（2019年６月14日）４頁。

② FATF審査の概要

FATF審査は，FATF勧告の遵守状況等につき，メンバー国から選出された審査団により相互に審査を行うものである。相互審査の結果，FATFからハイ

リスク・非協力国として国名公表された場合，各国の金融当局が，自国の金融機関に対し，当該国の金融機関との取引におけるマネロン対策強化を指示することにもつながりかねない。その結果，当該国の金融機関と各国金融機関の取引が遅延したり，取引自体が回避される動きに至る可能性もあるため，相互審査の結果は極めて重要な意味を持つことになる。

FATF審査は，第1次から第3次まで実施済みであり，日本に対する第4次相互審査についても，2019年10月最終週から11月中旬にかけてオンサイト審査が実施された。当初は2020年夏には対日審査報告書が採択され，公表される予定であったが，コロナ禍の影響を受けて延期が重なっている。この対日審査報告書を踏まえて，その後に犯罪収益移転防止法その他の法令の改正が必要となる可能性もある。

③　暗号資産に関するFATFの対応

FATFは，暗号資産が金融イノベーションを促進する可能性や，金融包摂を向上させる可能性を示しつつ，暗号資産の利用にはマネロン・テロ資金供与リスクが存在しているという懸念を様々な報告書で指摘するとともに，適切な規制に向けた方針等を示してきた。

2015年6月，FATFは「仮想通貨に関するリスクベースアプローチガイダンス」（"Guidance for a Risk-Based Approach to Virtual Currencies"）（以下「2015年ガイダンス」という）を公表した。2015年ガイダンスでは，仮想通貨交換業者を仮想通貨と規制された法定通貨システムとの交点（intersection）とし，仮想通貨交換業者がFATF勧告の適用対象である金融機関に含まれることを明確にした。そして，仮想通貨交換業者に関して，登録・免許制を採用するとともに，顧客の本人確認や疑わしい取引の届出，記録保存の義務などを課すなどのマネロン・テロ資金供与規制を適用すべきとした。2015年ガイダンスは，日本において2017年に仮想通貨交換業者に対する登録制度が導入された際の法改正の契機の1つとなったものである。

④　仮想資産および仮想資産サービスプロバイダーの定義の追加

2018年10月，FATF は，「仮想資産の規制に関する件」（"Regulation of

Virtual Assets”）において，FATF勧告15を改正するとともに，用語定義集に新たに「仮想資産」（Virtual Asset）および「仮想資産サービスプロバイダー」（Virtual Asset Service Provider）（以下「VASP」という）の定義を追加したことを公表した[(2)]。FATFにおける仮想資産およびVASPの定義は，VASPにICO（Initial Coin Offerings）のための金融サービスの提供者などが入ることが明記されているなどの特徴はあるが，基本的には現在の日本における暗号資産および暗号資産交換業者の定義と一致しているものと考えられる。

　これにより，FATF加盟国において，VASPを登録制または免許制の対象とすべきであり，顧客に対する継続的な監視，記録の保管，疑わしい取引の報告などのマネロン・テロ資金供与規制の対象となることが明確化された。

⑤　勧告15解釈ノートの改正によるトラベル・ルールの導入

　さらに，2019年2月，FATFは，「仮想通貨のリスク軽減に関する公式声明」（“Public Statement – Mitigating Risks from Virtual Assets”）を公表した。当該声明では，FATF勧告15に関する解釈ノート（Interpretive Note to Recommendation 15）（以下「勧告15解釈ノート」という）の草案が公表された。勧告15解釈ノートの内容は，VASPに対する登録・免許制の導入や，リスクベース・アプローチの適用に関する内容など幅広い内容となっているが，そのうち，いわゆる「トラベル・ルール」に関する7.(b)のみが未確定であるとして，同項目に関し，同年4月8日までの民間セクターからの意見募集が行われた[(3)]。

　勧告15解釈ノート7.(b)が求めるトラベル・ルールの内容は，概要，VASP間において仮想資産の送付が行われる場合に，送付側のVASPとにおいて，送付人と受取人の情報を取得しこれを受取側のVASPに共有すること，および受取側VASPにおいても送付人と受取人の情報を取得することを求めるものである。このルールは，銀行等の伝統的金融機関が，SWIFTのシステムを使って実施している電信送金（wire transfer）と同等のプロセスの履行をVASPにも求め

---

(2)　http://www.fatf-gafi.org/publications/fatfrecommendations/documents/regulation-virtual-assets.html

(3)　https://www.fatf-gafi.org/publications/fatfrecommendations/documents/regulation-virtual-assets-interpretive-note.html

るものである。

　この意見募集に関しては，暗号資産事業者側からはマネロン対策の必要性については理解を示しつつも，暗号資産取引に上記の意味でのトラベル・ルールを導入すること自体については多くの懸念が示された。懸念の内容としては，例えば，暗号資産の送付先は暗号資産のアドレスのみによって特定されるためVASPにとっても送付先の特定が困難であることや，VASPを通さない取引が可能であることから犯罪者にとって規制の潜脱が容易となってしまうこと，トラベル・ルールの導入によってVASPに重い義務が課された場合，かえって規制をかけることが困難となる個人間取引が増加するのではないか，といったものであった。

　もっとも，若干の修正はあったものの，2019年6月にトラベル・ルールを含む勧告解釈ノート15および2015年ガイダンスの改正（以下「2019年ガイダンス」という）がFATF定例会合において正式に採択された。確定した勧告15解釈ノート7.(b)の概要は図表3－8のとおりである。

図表 3 － 8　勧告15解釈ノート7.(b)の概要

7.(b)勧告16：各国は，送付側VASPsが，VAの移転に関し，正確な必須送付人情報および必須受取人情報を取得および保持し，当該情報を受取側VASPまたは金融機関（もしあれば）に，即時かつ安全に提出（注）し，かつ，適切な規制当局の求めに応じて利用可能にすることを，確保すべきである。各国は，受取側VASPsが，VAの移転に関し，必須送付人情報および正確な必須受取人情報を取得および保持し，かつ，適切な規制当局の求めに応じて利用可能にすることを，確保すべきである。勧告16のその他の要請（情報の利用可能性の監視，凍結措置，指定された個人および団体との取引禁止）は勧告16と同様に適用される。金融機関が顧客のためにVA送付を授受する場合には同じ義務が適用される。

（注）情報は直接または間接的に提出することができ，情報はVA送付に直接的に添付される必要はないとされている。

　勧告15解釈ノートで定められたトラベル・ルールは，VASP間での取引について適用されるため，VASPの顧客自身が管理する個人ウォレットに暗号資産を送付するような場合や，個人間での暗号資産の直接送付には適用されない[4]。

---

(4)　ただし，後述のとおり，トラベル・ルールの適用範囲を非ホスト型ウォレットとの取引にも拡張する内容のガイダンス案が公表されている。

　トラベル・ルールが適用される場合，送金側VASPから受取側VASPへの暗号資産送付について，取引時確認等によって確認された正確な必須送付人情報および必須受取人情報の取得，ならびに送付側VASPから受取側VASPへのこれら情報の提出が必要となる。送付側VASPにとって顧客となるのは送付人のみであるため，「正確な」という形容詞がつくのは送付人のみである。

　これに対し，受取側VASPは，必須送付人情報と「正確な」受取人情報を取得する必要がある。受取側VASPにとっては受取人が顧客となるためである。

　勧告解釈ノートにおいて，必須送付人情報とは，以下の情報をいう。

- 送付人の氏名・名称
- 口座が取引のために使われている場合には，送付人の当該口座番号
- 送付人の住所または国民識別番号または顧客特定番号もしくは生年月日および出生地

　また，必須受取人情報とは，以下の情報をいう。

- 受取人の氏名・名称，および
- 口座が取引のために使われている場合には，受取人の口座番号

　本書執筆時点において，日本においてトラベル・ルールは導入されていない。また，米国のように法制度上導入されている国においても，完全な形でエンフォースできている国はまだないものと思われる。個人データの移転を必要とするトラベル・ルールをグローバルに導入するためには，各国のVASP間において，技術的に安全を確保した方法で，かつ，各国の個人情報保護法制との整合性を確保した形で制度設計を行うことが必要であると考えられるため，各国の当局およびVASPやトラベル・ルールのソリューションを提供しようとする事業者などの民間事業者の間で，慎重な議論を進めることが不可欠であると考えられる。

　なお，犯罪収益移転防止法10条（外国為替取引に係る通知義務）においては，外国為替の仕向金融機関は顧客の本人特定事項その他の事項を送付先金融機関に通知する義務を負うこととされている（同法施行規則31①参照）。今後，トラベル・ルールを国内に導入するにあたっては，法的安定性の観点から，暗号資産

交換業者についても同様の法令整備が必要となることが想定される。

⑥　2021年VASPガイダンス改訂案の公表

　FATFは，2021年 3 月19日付で2019年ガイダンスの改訂ドラフト（以下「改訂ガイダンス」という）を公表し，意見公募手続を行った[5]。改訂ドラフトは，以下の 6 分野に対応しようとするものである。

- VAとVASPの定義は拡張的であり，関連する金融商品はVAまたは伝統的金融商品のいずれかとしてFATF基準でカバーされることの明確化
- いわゆるステーブルコインに対するFATF基準の適用に関するガイダンス
- P2P取引のリスクおよびとりうるリスク低減策に関する追加的ガイダンス
- VASPのライセンス・登録制に関する追加的ガイダンス
- トラベル・ルールの実施に関する官民への追加的ガイダンス
- VASP監督者間での情報共有および協力の原則の追加

　改訂ガイダンスは，P2P取引によってVASPや金融機関を介さない金融取引が増加した場合，FATF勧告の有効性が問われる事態となりうることに対する懸念を表明している。その上で近年, 利用が急増しているDeFi（Decentralized Finance：分散型金融）等に用いられるDapp（Decentralized application：分散型アプリケーション）に関与する者が広くVASPに該当しうるという拡張的解釈を提示している。もっとも，Dapp自体が特定の仲介者や管理主体を必要とせずに自律的に運営されるものであることから，このような拡張解釈の合理性には民間から疑問の声も上がっている[6]。また，改訂ガイダンスでは，ステーブルコインに関しても，価格安定化の仕組みを決定する統治機関が存在する場合には，VASPに該当するという解釈が示されている。法定通貨担保型のステーブルコインの場合，担保資金を管理する発行体などがVASPに該当しうることが想定されるが，アルゴリズム型のステーブルコインはDeFiと同様で

---

(5)　https://www.fatf-gafi.org/publications/fatfrecommendations/documents/public-consultation-guidance-vasp.html

(6)　日本暗号資産ビジネス協会「FATFの改訂ガイダンスに関する提出意見書の公表について」（2021年 4 月20日），https://cryptocurrency-association.org/news/main-info/20210420-001/

あり，規制対象となる仲介者が存在しない場合もあると考えられる。

　また，改訂ガイダンスは，このようなP2P取引のML／TFリスクが許容できないほど高い場合，P2P取引に関与するVASPに対してAML／CFTの義務を加重することや監督を強化すること，あるいはライセンス付与を拒否することなどの措置を検討することができるとしている。

　さらに，改訂ガイダンスはトラベル・ルールについて，VASPの顧客がVASP以外（非ホスト型ウォレット等）に暗号資産を送付する場合や，VASP以外から暗号資産を受領する場合にも適用されるとしている。ただし，この場合，必須送付人情報および必須受取人情報の取得の義務はかかるものの，非ホスト型ウォレットの保有者に対してこれら情報を提出することまでは求められていない。

　以上のとおり，改訂ガイダンスはVASPの定義の拡張解釈やトラベル・ルールの非ホスト型ウォレットとの取引への拡大など，重要かつ実務への影響が大きい内容を含んでいる。本書執筆時点で当該ガイダンスは確定していないが，2021年10月の会合で確定されることが想定されているため，引き続き注視する必要がある。

③——私法上の取扱い

(1)　デジタルアセットの私法上の性質

①　暗号資産の私法上の性質

　上記①「(2)暗号資産」でも述べたとおり，資金決済法上，暗号資産は，(i)物品・役務提供の代価の弁済として不特定の者に対して使用でき，かつ不特定の者との間で購入・売却をすることができるものであって，(ii)電子的に記録された財産的価値で，電子情報処理組織を用いて移転することができ，(iii)本邦通貨，外国通貨および通貨建資産に該当しないものをいうとされている（資金決済法2⑤）。しかしながら，資金決済法上の定義から，直ちに暗号資産の私法上の性質が明らかになるわけではない。

　暗号資産の私法上の性質については，様々な議論があるところであるが，一

般的には，既存の財産権の分類に当てはめて整理することは困難であると考えられている。

　以下では，暗号資産の私法上の性質について，これまでなされてきた議論を概説する。

（ⅰ）「物」該当性

　所有権の客体となる「物」（民法206 参照）とは，「有体物」をいうとされている（民法85）。この点について，暗号資産は専らブロックチェーン上の価値データとして存在するにすぎず，有体性を欠くために民法上の物（民法85）には該当しない。そのため，暗号資産を客体とする所有権（民法206）は観念できないと考えられている。

　裁判例でも，ビットコインについて，有体性を欠くため，物権である所有権の客体とはならないことを明示的に判示するものが存在する（東京地判平成27年8月5日）。

（ⅱ）「債権」該当性

　ビットコインは発行者の存在を前提としないため，前払式支払手段とは異なり，発行者を債務者とする債権として構成することもできないと考えられており（加毛明「仮想通貨の私法上の法的性質—ビットコインのプログラム・コードとその法的評価」金融法務研究会報告書(33)（2019年）15頁），発行者の存在を前提としない他の分散型暗号資産についても同じ考え方が当てはまると思われる。

　ただし，暗号資産のうち，ユーティリティトークンと呼ばれるものの中には，特定の発行者が存在し，発行者は，トークンの所有者に将来的に物やサービス等を提供する債務を負っていることがある。そのような暗号資産については，発行者に対する債権を観念することが可能であるため，発行者を債務者とする債権として構成することも可能であると考えられる。

（ⅲ）「知的財産権」該当性

　無体物である「情報財」は，それを客体とする特定の知的所有権を定める法制度が存しない限り，知的財産権の保護対象とならないといわれているところ，

暗号資産については根拠となる法律が存在しないため，知的財産権の保護対象
とはならないと考えられている。

　加えて，「情報財」とは，発明などの知的な創作活動から生み出された情報
であって，それを利用することで一定の経済的効用がもたらされるものをいう
ところ，暗号資産は取引記録の集積により表象されるものであり，情報の内容
それ自体にもそのような効用は認められないため「情報財」にさえ該当せず，
暗号資産は知的財産権の対象とはならないとも考えられている（森田宏樹「仮想
通貨の私法上の性質について」金融法務事情2095号（2018年）15頁）。

②　暗号資産における排他的な帰属関係の私法上の法的性質

　上述のとおり，暗号資産自体の法的性質については様々な議論があるところ
ではあるが，秘密鍵の排他的な管理を通じて暗号資産を排他的に支配している
状態についても，私法上どのような意味を持つのかは必ずしも見解の一致をみ
ない。

　以下では，暗号資産を排他的に支配していることの私法上の意味合いについ
て，議論の状況を概説する。

（i）　権利性を肯定する立場

　まず，秘密鍵の排他的な管理を通じて暗号資産を排他的に支配している状態
について，何らかの権利性を肯定する立場が存在する。暗号資産の排他的な支
配について権利性を肯定する立場には，その権利の内容について３つの見解が
対立している。

（ア）　物権またはこれに準ずるものを認める見解

　この立場には，暗号資産を動産類似の「モノ」として捉えて動産と同様の取
扱いをすべきと考える見解（田中幸弘・遠藤元一「分散型暗号通貨・貨幣の法的問題と
倒産法上の対応・規制の法的枠組み（上）」金融法務事情1995号（2014年）59頁）や，暗号
資産を権利の対象や取引の対象として捉えてその帰属や権利の移転については
物権法のルールに従うと考える見解（森下哲朗「FinTech 時代の金融法のあり方に関
する序説的検討」黒沼悦郎＝藤田友敬編『江頭憲治郎先生古稀記念 企業法の進路』（商事法

務，2017 年）807頁）がある。その理由としては，有体物でないものの帰属についても物権法のルールを適用するという考え方は，すでにペーパーレス化された証券の取引との関係で採用されてきた考え方であることや，預金の帰属との関係でも有力に説かれてきた見解であることなどが挙げられている。

　具体的には，暗号資産の帰属や移転については，「一次的には帳簿や台帳の記録を手掛かりとしつつ，そこで権利者として記録されている者が本来の権利者ではない場合には，本来の権利者に帰属させることが望ましい」とした上で，暗号資産の取引については，暗号資産を物や証券と同様に考えた上で，暗号資産に関する当事者間の契約関係により，売買や寄託と同様に扱うべき場合や，消費寄託と同様に扱うべき場合等を考えていくことになるとされている（森下・前掲書（黒沼＝藤田編）（2017 年）808頁）。

　この立場に対しては，物権法定主義（民法175）に照らすと解釈論として無理があり，また，物権的返還請求権が認められると暗号資産の決済手段としての有用性が損なわれるのではないか，との批判がある（芝章浩「暗号資産の民事法上の取扱い」NBL1138号（2019年）51頁）。

　(イ)　財産権を認める見解

　この立場は，暗号資産は，民法典にいう「財産権」としての性質が認められると考えるものである（森田・前掲論文（2018年）16頁）。

　この見解では，物権，債権その他の排他的な帰属関係が認められる財産的利益を広く包摂するものとして「財産権」という概念を採用し，一定の利益が「財産権」として排他的に帰属することにより，当該帰属者に認められる法的機能が「処分権」であると考える。その上で，暗号資産は，そのような「財産権」としての性質を有するものであると考える。この点について，資金決済法上，暗号資産は「不特定の者との間で購入・売却をすることができる」ものとして定義されているが，売買は「財産権」の移転とその代金の支払を相互に約することを内容とする契約（民法555）であるため，暗号資産が「財産権」であるという見解は，民法上の売買の規定とも整合すると主張されている。そして，この見解は，現金については所有と占有が一致し，観念的な帰属ないし移転を認めない固有の規律が妥当するところ，暗号資産についてもこれと同様の規律

が及ぶと考える（森田・前掲論文（2018年）21頁）。

　この立場に対しては，財産権の存在を肯定する根拠とともに，暗号資産について，金銭についての「所有と占有の一致」の原則と同様の法的取扱いを認める根拠が議論の対象になりうるとの見方がある（芝・前掲論文（2019年）51頁）。

　(ウ)　取引参加者全員の「合意」に基づく権利を認める見解

　この立場は，ビットコインの取引においては，所定のプロトコルに基づき，そのデータはブロックチェーン技術を用いてネットワーク上に記録・保持され，分散型台帳という形でネットワーク参加者全員により管理される仕組みが構築されているところ，ビットコインの保有を可能としているのは，取引参加者がそのような仕組みに「合意」しているためであるとして，そのような取引参加者の合意を根拠として，暗号資産に対する権利性を肯定する見解である（末廣裕亮「仮想通貨の私法上の取扱いについて」NBL1090号（2017年）68頁）。

　この立場に依拠する場合には，暗号資産やその排他的支配について一義的に性質を説明することは困難であるが，暗号資産やその取引はネットワーク参加者において合意された存在として捉えれば十分であり，あえて明確な性質決定をしなくとも，問題となる取引場面に応じて個別にルールを検討すれば足りると考えられている。

　この立場に対しては，そのような合意の存在自体や，その法的意義について疑問がありうるとの批判がある（芝・前掲論文（2019年）52頁）。

　(ii)　権利性を否定し，事実状態として整理する立場

　一方で，秘密鍵の排他的な管理を通じて暗号資産を排他的に支配している状態について，権利性を否定する立場も存在する。

　この立場は，暗号資産の保有は，秘密鍵の排他的な管理を通じて当該秘密鍵に係るアドレスに紐付いたビットコインを他のアドレスに送付することができる状態を独占しているという事実状態にほかならず，何らかの権利または法律関係をも伴うものではないと考えるものである（芝章浩「各種FinTechビジネスと法制度」西村あさひ法律事務所編『ファイナンス法大全（下）［全訂版］』（商事法務，2017年）845頁）。そして，そのような事実状態そのものに財産的価値が認められ，

様々な取引が行われているのだと説明される。

　この立場に対しては，金銭債務の弁済は通貨に含まれる支払単位の移転によって実現されるものであるから，単なる事実状態のみによって決済手段を説明することは困難であるという批判がある（森田・前掲論文（2018年）23頁）。

(2)　デジタルアセットの発行および移転
①　デジタルアセットの発行

　ビットコインやイーサなどの分散型暗号資産は，特定のブロックチェーン上のデータそのものに価値があると一般的に考えられている。また，このような暗号資産は特定のブロックチェーン・ネットワークを維持するために必要な作業（マイニング等）をネットワーク参加者が行った場合にプロトコルに従って自動的に生成される。そして，当該作業を行った者が取得した暗号資産を他者に譲渡（移転）するか否かは当該者の任意であり，当該暗号資産の生成とは紐付いていない。したがって，このような暗号資産について「発行」行為を観念することは適切ではないと考えられる。

　他方，ICOのように，特定の者が暗号資産に該当するトークンを大量に生成してこれを販売等して流通させる場合には，暗号資産の「発行」を観念することも可能であると考えられる。もっとも，資金決済法を含め日本法上，暗号資産の「発行」についての定めはないことを踏まえると，暗号資産の売買や交換等についての規制や私法上の取扱いを検討すれば足りると考えられる。

　他方，デジタル証券については，トークン上に有価証券としての権利が表示されていることから，従来の有価証券の発行についての議論が基本的に妥当すると考えられる。

②　デジタルアセットの移転

　ビットコインやイーサなど何らかの権利を表象しているわけではない暗号資産について，暗号資産の秘密鍵が奪われた等により保有者の意思に基づかずに第三者に暗号資産が移転した場合の，元の保有者と当該第三者との間の法律関係については，暗号資産を排他的に支配する状態についての法律関係をどのように考えるかによって，結論が異なると考えられる。

（ⅰ） 物権またはこれに準ずるものを認める見解

　この見解によれば，元の保有者は，移転に係る暗号資産について，物権またはこれに準ずる権利を有していたと考える。そのため，何らの原因なく暗号資産が第三者に移転した場合には，元の保有者は，当該暗号資産について，物権的請求権またはこれに準ずる権利を行使して，第三者に対して暗号資産の返還を求めることが可能と考えることになる。

（ⅱ） 財産権を認める見解

　この見解は，暗号資産についても所有と占有が一致し，観念的な帰属ないし移転を認めない現金と同様の規律が及ぶと考えるものである（森田・前掲論文（2018年）21頁）。したがって，何らの原因なく暗号資産が第三者に移転した場合には，元の保有者は，当該暗号資産について物権的請求権として暗号資産の返還を請求することはできないが，第三者に対して，不当利得返還請求（民法703・704）や不法行為に基づく損害賠償請求（民法709）を行うことは可能と考えられる。

（ⅲ） 取引参加者全員の「合意」に基づく権利を認める見解

　この見解は，取引参加者の合意を根拠として，暗号資産に対する権利性を肯定する立場である。したがって，何らの原因なく暗号資産が第三者に移転した場合には，元の保有者は暗号資産の保有について財産的な価値を侵害されたといえるため，元の保有者は，第三者に対して，不当利得返還請求（民法703・704）や不法行為に基づく損害賠償請求（民法709）を行うことができると考えられる（末廣・前掲論文（2017年）70頁）。

　他方，この見解によれば，少なくともビットコインの場合には，暗号資産の返還を請求する権利まで認めることは難しいと考えられている。ビットコインの仕組みにおいては，ある保有者が秘密鍵とこれに対応するアドレスによって自己のビットコインを排他的に支配しているときに，真の権限者が他に存在しうるということは，取引参加者の「合意」において前提とされていないためである（末廣・前掲論文（2017年）70頁）。

(iv)　権利性を否定し，事実状態として整理する立場

　この見解は，暗号資産を排他的に支配する状態にあるという事実状態に財産的価値が認められるとするものである。そのため，そのような財産的な価値を侵害されたといえる以上，元の保有者は第三者に対して不法行為に基づく損害賠償請求（民法709）を行うことができると考えられる（芝・前掲書（西村あさひ法律事務所編）（2017年）845頁）。他方，暗号資産の返還を請求する権利まで認めることは難しいと考えられる。

　他方，トークンが何らかの権利を表章している場合には，当該トークンの秘密鍵が奪われた等により保有者の意思に基づかずに第三者に暗号資産が移転したケースや当該トークンが二重譲渡されたケースでは，後に(4)で述べる問題と同様の問題があると考えられる。

③　ブロックチェーンの分岐による新規暗号資産の発生

(ｉ)　ブロックチェーンの分岐

　暗号資産の取引台帳は「ブロックチェーン」と呼ばれ，分散型暗号資産の場合には，Ｐ２Ｐ型ネットワークの参加者の各コンピューター上に過去のすべてまたは一部の取引が記録されている。暗号資産のブロックチェーンには，承認作業が完了した新しい取引記録を集めたブロックを，時系列に沿って一定期間ごとにその末尾に接続することにより，暗号資産の移転取引が連鎖的かつ不可逆的に記録されることとなるが，ブロックチェーンのプログラムのアップデートを実施する際に，ネットワーク参加者の各コンピューターの間でタイムラグが発生することから，アップデート完了後の新バージョンが適用されるコンピューターとアップデート未了の旧バージョンが適用されるコンピューターとの間で，それぞれ別のブロックチェーンを作成する状況が発生する可能性がある。

　また，特定のブロックチェーンのプロトコルについてネットワーク参加者間で意見が分かれ，以前とは異なるプロトコルを採用するブロックが意図的に作成されることもある（例：ビットコインからビットコインキャッシュの分岐）。これらの場合に起こりうるブロックチェーンの分岐をフォークといい，新旧のブロックチェーンに互換性がある場合をソフトフォーク，新旧のブロック

チェーンに互換性がない場合をハードフォークという。

(ⅱ) 新規暗号資産の発生に関する法律関係

ハードフォークの場合には，既存のブロックチェーンの仕様を変更し，互換性のない新たなブロックチェーンが発生するため，新たなブロックチェーンの仕様に合わせた新規の暗号資産が誕生することになる。ハードフォークが実施される直前のブロックの時点で暗号資産を保有している者は，新旧両方のブロックチェーンにおいてそれぞれ従前の取引記録を利用できることから，分岐したブロックチェーンにおいて新規暗号資産を保有することになる。あたかも新規の暗号資産の付与を受けるかのようであるが，特定の誰かから付与されるものではなく，ハードフォークによって自動的に取得するものである。この新規暗号資産の誕生の法的意味合いについては，(2)「①デジタルアセットの発行」と同様の議論が当てはまると考えられる。

既存のブロックチェーンにおける暗号資産の保有者が，暗号資産の管理を暗号資産交換業者に委託しているケースでは，ハードフォークが発生した場合には，ブロックチェーン上のアドレスを有する暗号資産交換業者が既存のブロックチェーンにおける暗号資産に対応する新規暗号資産が一括して取得することとなる。この場合，新規暗号資産は既存のブロックチェーンにおける暗号資産とは別の暗号資産であるため，暗号資産交換業者が当該新規暗号資産の売買・交換や顧客のための管理を行おうとするときは，「取り扱う暗号資産の名称」の変更に該当するため，当局に対して事前に届け出る必要がある（資金決済法63の6①，63の3①七）。

この点について，暗号資産交換業者は顧客に対してハードフォークに伴い発生した新規暗号資産を付与する義務を負うかについては論点となりうる。この点，ビットコインのブロックチェーンのハードフォークによって誕生したビットコインゴールドという新規暗号資産につき，①暗号資産交換業者の利用規約および取引説明書上，ハードフォークによって生じた新規暗号資産の取扱いに関する規定や説明がなく，②暗号資産交換業者において，新規暗号資産に対応するシステムの開発整備が未了で当該新規暗号資産の移転に必要なシステムが備わっておらず，また③暗号資産交換業者が新規暗号資産に関し監督官庁への

届出等を行っていないといった事情の下では，暗号資産交換業者は顧客に対してハードフォークに伴い発生した新規暗号資産を移転する明示または黙示の合意があったとはいえないとして，暗号資産交換業者が顧客に対して新規暗号資産を付与する義務を否定した裁判例がある（東京地裁令和元年12月20日）。

　ハードフォークに伴い新規暗号資産が発生した場合の対応については，法令や日本暗号資産取引業協会の自主規制規則上，暗号資産交換業者に対して特段対応は義務付けられていない。原則として各々の暗号資産交換業者に対応は委ねられている状況にあるといえる。

⑶　デジタル資産の差押え

　債務者が資産としてデジタル資産を保有している場合，当該債務者に対して債務名義を有する債権者は，債務者が保有するデジタル資産を差し押さえることが可能かが問題となる。

　以下では，デジタル資産のうち，債務者が暗号資産および前払式デジタルマネーを保有している場合の強制執行について検討する。

①　債務者が暗号資産を保有している場合

⒤　債務者が保有する暗号資産の管理を自己で行っている場合

　債務者が保有する暗号資産の管理を自己で行っている場合には，暗号資産の排他的な帰属関係について，①物権またはこれに準ずるものを認める見解に立つのであれば動産執行（民事執行法122条以下の類推適用）の方法により（中野貞一郎・下村正明『民事執行法』（青林書院，2016年）778頁），②暗号資産に財産的価値を認めるその他の見解に立つのであれば，執行対象適格のある財産を包摂的に対象とする「その他の財産権」に対する強制執行（民事執行法167）として債権執行の例によることとなると考えられる（高松志直「電子マネーおよび仮想通貨に対する強制執行」金融法務事情2067号（2017年）56頁）。そして，①の場合には，執行官が暗号資産を占有する方法によって差押えを行い（民事執行法123①），②の場合には，第三債務者たる発行者が存在しない暗号資産については暗号資産を保有する債務者に差押え命令を送達し（民事執行法145③），譲渡命令または売却命令によって手続を行うこととなるものと考えられる（民事執行法161）。

図表3－9	債務者が保有する暗号資産の管理を自己で行っている場合の強制執行を検討する際のイメージ

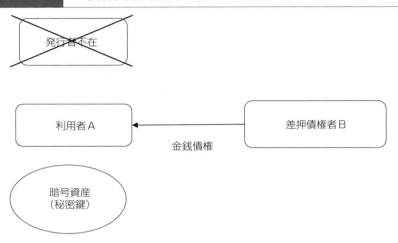

　もっとも，①の場合においては，債務者が暗号資産の秘密鍵情報を開示しなければ，執行官は実際に暗号資産を占有することはできない。また，②の場合においても，債務者が暗号資産の秘密鍵情報を開示しなければ，譲渡命令が発令されても，暗号資産を差押債権者に帰属する形で移転させることはできず，売却命令に基づき執行官が暗号資産を売却することもできない（高松・前掲論文（2017年）57頁）。

　このように，債務者が暗号資産の管理を自己で行っており，当該暗号資産の秘密鍵情報が債務者から任意に開示されない場合には，間接強制（民事執行法172）の方法によることも考えられるが，金銭債務の履行を怠っていた債務者にさらに間接強制で金銭の支払を命じたとしても，実効性があるか疑問である。したがって，債務者が満足できる強制執行を実現することは事実上困難であると考えられる。

(ⅱ)　債務者が保有する暗号資産の管理を暗号資産交換業者に委託している場合
　暗号資産自体に対する強制執行が事実上困難であることは上で述べたとおりであるが，債務者が暗号資産交換業者に暗号資産の管理を暗号資産交換業者に

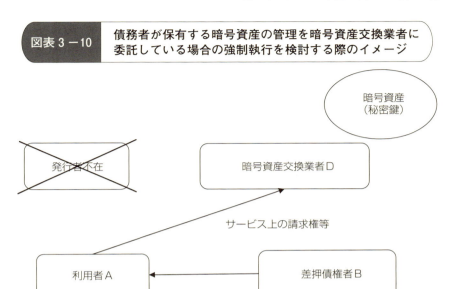

図表3－10　債務者が保有する暗号資産の管理を暗号資産交換業者に委託している場合の強制執行を検討する際のイメージ

委託している場合には，債務者は，暗号資産交換業者との間で，利用規約等に基づく暗号資産の管理に係る契約を締結していると考えられる。そして，利用規約等において，①暗号資産交換業者が資金決済法上の暗号資産交換業者であり，②利用者から預かった暗号資産を当該暗号資産交換業者の指定するウォレットにおいて管理し，③利用者の要求により上記ウォレットからの暗号資産の送信等に応じる旨の規定がある場合には，利用者の暗号資産交換業者に対する暗号資産返還請求権を契約上観念することができ，かつ暗号資産交換業者において暗号資産の送信等に必要な秘密鍵を管理しているものと推認することが可能であると解されている。

　したがって，この場合には，当該債務者に対して債務名義を有する債権者は，「その他の財産権」に対する強制執行として（民事執行法167①），当該債務者が暗号資産交換業者に対して有する暗号資産返還請求権を差し押さえることが可能であると考えられる（本多健司「仮想通貨返還請求権の差押えをめぐる実務上の諸問題」金融法務事情2111号（2019年）9頁）。

　暗号資産交換業者に暗号資産を預託している利用者が，債権者から暗号資産

返還請求権の差押えを受けた場合には，裁判所から暗号資産交換業者宛てに譲渡命令または売却命令（民事執行法167①・161①）が発令され，当該命令に従って暗号資産返還請求権が換価されることとなる。具体的には，譲渡命令が発令された場合には，譲渡命令が暗号資産交換業者に送達された時点に遡って債権者の債権および執行費用がその譲渡価格で弁済されたものとみなされ（民事執行法160⑦，160），債権者は暗号資産返還請求権を取得することとなる。また，売却命令が発令された場合には，執行官は，暗号資産返還請求権を売却し，暗号資産返還請求権の売却代金は配当手続を通じて債権者への弁済にあてられる（民事執行法166二）。

② 債務者が前払式デジタルマネーを保有している場合

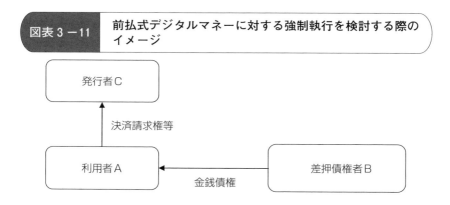

図表3－11　前払式デジタルマネーに対する強制執行を検討する際のイメージ

発行対価をあらかじめ支払った上で商品の販売等の対価に利用できる態様の前払式デジタルマネーを保有している場合には，当該前払式デジタルマネーは資金決済法上の前払式支払手段に該当し，前払式支払手段の保有者は，発行者に対し，商品の販売代金債権等の免責を請求できる権利（決済請求権）に，利用規約等に基づくその他の権利および義務が包摂されている一種の契約上の地位を有していると考えられる（高松・前掲論文（2017年）50頁）。

そして，前払式デジタルマネーが（物理的な媒体ではなく）発行者の保有するサーバ等に価値が記録されるものである場合には，「その他の財産権」に対する強制執行として（民事執行法167①），発行者に対して有する上記契約上の地

位を差し押さえることになるものと考えられ（高松・前掲論文（2017年）52頁），裁判所から発行者宛てに譲渡命令または売却命令（民事執行法167①・161①）が発令され，当該命令に従って当該契約上の地位が換価されることとなる。具体的な換価手続については，上記「②債務者が保有する暗号資産の管理を暗号資産交換業者に委託している場合」で検討した暗号資産返還請求権の換価の場合と同様である。

　一方で，前払式デジタルマネーが証票等の物理的な媒体に価値が記録されるものである場合には，当該帳票等を対象とする動産執行（民事執行法122①）の方法をとることとなると考えられる（高松・前掲論文（2017年）55頁）。

(4)　デジタル証券の私法上の取扱い

　デジタル証券は有価証券をトークンに表示したものを指すところ，ある有価証券に表示されるべき権利がトークンに表示されるか否かによって，その権利の内容が変わるわけではない。そのため，デジタル証券の私法上の取扱いを検討するにあたっては，そのトークンに表示されている権利ごとに検討を行うことが適当と考えられる。

　デジタル証券においてトークンにどのような権利が表示されているかは個別事例ごとに検討するほかないが，以下では，トークンに表示して発行することが検討されている主要な有価証券として，①社債をトークンに表示する場合および②集団投資スキーム持分のうち，商法上の匿名組合契約またはそれに類する契約に基づく投資者（匿名組合員）の地位をトークンに表示する場合の対抗要件について検討する。

①　社債の譲渡に係る第三者対抗要件

　現在，大手証券会社を中心として，株式会社が国内でブロックチェーン債（ブロックチェーン上に記録される社債）を発行するためのプラットフォームの構築が検討されており，そこでは，社債券不発行社債（非振替社債）を（電子記録移転有価証券表示権利等として）用いることが想定されている。社債券不発行社債（非振替債）については，当事者間の意思表示によって譲渡することが可能であり，社債原簿の名義書換が発行会社その他の第三者に対する対抗

要件となる（会社法688①）。

　会社法上は、電磁的記録をもって社債原簿を作成することも可能（会社法684②）であり、電磁的記録とは、「電子的方式、磁気的方式その他人の知覚によっては認識することができない方式で作られる記録であって、電子計算機による情報処理の用に供されるもの」であって、具体的には「磁気ディスクその他これに準ずる方法により一定の情報を確実に記録しておくことができる物をもって調整するファイルに情報を記録したもの」をいう（会社法26②・会社法施行規則224）。そのため、そのような定義を充足するような具体的方法をもってブロックチェーン上の記録がなされるのであれば、発行会社または社債原簿管理人の管理するサーバ上に記録されているブロックチェーン上の記録を、社債原簿（またはその一部）として取り扱うことにより、電子的なプラットフォーム内で第三者対抗要件の具備手続を完結させることが可能となる。

　社債の譲渡については、以上のような仕組みを設けることにより、電子的なプラットフォーム内で譲渡手続を完結させることが可能となるが、社債の譲渡とは別個に、当該社債から派生する具体的な利息請求権（支分権）のみを譲渡し、当該債権譲渡について確定日付のある通知を発行会社に送付することも理論上は考えられる。このような場合、ブロックチェーンを用いた社債原簿上の社債権者のほかに個別の利息請求権を有する者が電子的なプラットフォーム外にも存在しうることになり、電子的なプラットフォームにおいて社債に関する権利関係を一元的に管理し、権利関係の明確化と取引の安全性、効率性を高めようとする関係者の意思に合致しない結果が生じる可能性がある。もっとも、この点に関しては、支分権たる利息請求権のみが譲渡された場合においても、発行会社は社債原簿上の社債権者に対して利息を支払えば足りると解する余地はあるようにも思われる。

②　匿名組合出資持分の譲渡に係る第三者対抗要件

　匿名組合契約は、①匿名組合員から営業者への出資と②営業者の匿名組合員に対する利益分配の約束で構成されるところ（商法535）、匿名組合出資持分の譲渡は、かかる匿名組合契約上の地位の譲渡にあたると解される。かかる契約上の地位の譲渡は、契約の相手方（匿名組合契約の匿名組合員による譲渡の場

合，営業者）の承諾により，契約の同一性を維持したまま譲渡人から譲受人に契約上の地位が移転する効果を有するが（民法539の2），契約上の地位の譲渡の第三者対抗要件を具備するために，確定日付のある証書による通知または承諾が必要であるかどうかについては，条文上明確な定めはなく，解釈に委ねられている。

　この点，匿名組合契約上の匿名組合員の権利を構成する主要な権利である利益分配請求権（商法535）および匿名組合契約終了時の出資価額返還請求権（同法542）は，一般に債権であると理解されているところ，債権譲渡の第三者対抗要件は確定日付のある通知または承諾である（民法467②）ことから，匿名組合契約上の地位の譲渡についても，債権譲渡の場合に準じて，確定日付のある証書による通知または承諾が必要であると考えられる（預託金会員制のゴルフ会員権に関して同趣旨の判断をした判例として，最判平成8年7月12日がある）。

(5)　電子記録移転権利の場合の問題点

　電子記録移転権利は，権利をブロックチェーン上のトークン（財産的価値）に表示したものであるが，暗号資産とは異なり，トークン自体は権利の価値そのものを表すわけではなく，電子記録移転権利の譲渡は，トークンに表示された権利（匿名組合出資持分）の移転にほかならない。そのため，匿名組合出資持分の移転の場合と同様に考えると，第三者対抗要件を具備するためには，確定日付のある証書による通知または承諾が必要であると考えられる。

　しかしながら，本来，電子記録移転権利は，トークンとともに当該トークンに表示された権利が電子的に移転する仕組みが前提となっており，その事実上の流通性の高さに鑑みて第一項有価証券と同様の開示規制を課すこととされたものである。それにもかかわらず，電子記録移転権利の譲渡に際して，その都度，第三者対抗要件として確定日付のある証書による通知または承諾を取得することを要求することは，譲渡の迅速性およびコストの観点から電子記録移転権利の流通を事実上不可能とするものであり，制度設計の前提と整合しない。

　そこで，電子記録移転権利の譲渡につき，確定日付のある証書による通知または承諾を行うことなく第三者対抗要件を備えることができるか，または第三者対抗要件の具備自体が不要となる法律構成がないか検討する。

① 契約上の地位の譲渡について対抗関係が生じないと考える法律構成

　契約上の地位の譲渡については相手方の承諾が効力要件となるが（民法539の2），契約上の地位が二重譲渡された場合の対抗要件制度については民法上規定されておらず，解釈に委ねられている（民法（債権関係）部会資料38「民法（債権関係）の改正に関する論点の検討(10)」(2012年) 25～27頁参照）。

　このため，契約上の地位の譲渡については，契約上の地位の移転の要件を満たした順で優先劣後が決定すると考えて，先行譲受人に対する承諾のみが有効であり，後行譲受人に対する承諾は無効であり契約上の地位の移転の効果は生じない，と解した場合，そもそも対抗要件の問題は生じないと考える余地がある（内田貴『民法Ⅲ第4版　債権総論・担保物権』（東京大学出版会，2020年）296～298頁）。

　しかしながら，匿名組合契約上の地位の譲渡につき対抗要件の具備を不要と解してよいかどうかについて，議論の蓄積があるわけではない。また，この見解も，一定の契約上の地位の移転について法律・判例・慣習などによって認められた当該契約類型に固有の第三者対抗要件制度が存在する場合には，当該対抗要件を具備しなければ譲渡を第三者に対抗できないこととなることを認めている（民法（債権法）改正検討委員会編『詳解・債権法改正の基本方針Ⅲ─契約および債権一般(2)』（商事法務，2009年）337頁，潮見佳男『新債権総論Ⅱ』（信山社出版，2017年）533頁参照）。

　したがって，匿名組合契約上の地位の譲渡については，一律に対抗関係が生じないと考える法律構成をとることが可能かどうかは疑問が残る。

② 私法上の有価証券法理を適用する法律構成

　匿名組合出資持分をトークンに表示したものを，私法上の有価証券に準ずるものと構成することが考えられる。

　従来の私法上の有価証券法理によれば，ある権利について有価証券に表示する慣習法が存在する場合，当該権利を証券または証書に表示することによって，その権利の移転につき，第三者対抗要件として確定日付のある証書による通知・承諾は不要であり，物権に準じて証券または証書の交付によって譲渡が可能となり，かつ第三者対抗要件も備えることができると解される。デジタル証券については，その権利の帰属がブロックチェーン上の記録によって決定され

るという慣習法が存在すると仮定すれば，従来の私法上の有価証券法理を，匿名組合出資持分をトークンに表示したものについて適用することによって，その権利の帰属がブロックチェーン上の記録によって決められることになると考える余地がある。

　しかしながら，現時点において，社会的事実として上記のような「慣習法」があるとは必ずしもいえないため，従来の私法上の有価証券法理をデジタル証券に適用するとしても，その権利の帰属がブロックチェーン上の記録によって決定されることになるかどうかは疑問が残る。

③　原契約の解除および新規契約の締結であるとする法律構成

　デジタル証券を保有する匿名組合員（譲渡人または現保有者）と，デジタル証券を新たに取得したい者（譲受人または新保有者）がいる場合，直接的に現保有者から新保有者に電子記録移転権利を譲渡するのではなく①営業者（発行体）と現保有者との間の原契約の全部または一部を解除し，同時またはその直後に②営業者（発行体）と新保有者との間の上記①と同種・同量・同価格の権利に係る新規契約の締結を行うと構成することが考えられる。

　このように構成することで，契約上の地位が現保有者から新保有者に対して同一性を保って移転することはなく，原契約は消滅するため，第三者対抗要件の問題は発生する余地がないと整理することが可能と考えられる。

　本構成に対しては，実質的に，債権者の交替による更改（民法515①）に該当し，第三者対抗要件として確定日付のある通知・承諾が必要ではないか（同②）との批判も考えられる。

　なお，本構成に対しては，実質的には契約上の地位の移転と同視することができ，指名債権譲渡の第三者対抗要件具備の潜脱ではないかとの批判も考えられる。しかしながら，契約上の地位の移転は契約当事者の一方の地位が同一性を保って承継され，当該契約に基づく債権債務のほか，解除権，取消権等の形成権も譲受人に移転することになるが，本構成においては譲渡人が営業者（デジタル証券の発行体）に対して有する形成権や抗弁が譲受人に移転することは想定されておらず，法律構成が全く異なるため，このような批判は当たらないと考える。

【参考文献】

内田貴『民法Ⅲ第4版　債権総論・担保物権』（東京大学出版会，2020年）

加毛明「仮想通貨の私法上の法的性質―ビットコインのプログラム・コードとその法的評価」金融法務研究会報告書(33)（2019年）

潮見佳男『新債権総論Ⅱ』（信山社出版，2017年）

芝章浩「各種FinTechビジネスと法制度」西村あさひ法律事務所編『ファイナンス法大全（下）[全訂版]』（商事法務，2017年）

芝章浩「暗号資産の民事法上の取扱い」NBL1138号（2019年）49〜55頁

末廣裕亮「仮想通貨の私法上の取扱いについて」NBL1090号（2017年）67〜73頁

高松志直「電子マネーおよび仮想通貨に対する強制執行」金融法務事情2067号（2017年）50〜58頁

田中幸弘・遠藤元一「分散型暗号通貨・貨幣の法的問題と倒産法上の対応・規制の法的枠組み（上）」金融法務事情1995号（2014年）52〜63頁

中野貞一郎・下村正明『民事執行法』（青林書院，2016年）

仲浩史「『有効性』が焦点となるFATF第4次審査」金融財政事情3047号（2013年）76頁

本多健司「仮想通貨返還請求権の差押えをめぐる実務上の諸問題」金融法務事情2111号（2019年）6〜14頁

民法（債権関係）部会資料38「民法（債権関係）の改正に関する論点の検討(10)」（2012年）

民法（債権法）改正検討委員会編『詳解・債権法改正の基本方針Ⅲ―契約および債権一般(2)』（2009年，商事法務）

森下哲朗「FinTech時代の金融法のあり方に関する序説的検討」黒沼悦郎＝藤田友敬編『江頭憲治郎先生古稀記念 企業法の進路』（商事法務，2017年）

森田宏樹「仮想通貨の私法上の性質について」金融法務事情2095号（2018年）14〜23頁

第 **4** 章

デジタル通貨・トークンセールスに
関する会計実務

1──概　況

　デジタル通貨やトークンセールスがビジネスにおいて広く活用されるようになってくる中，これらに関する会計処理を明確化すべきという要請が高まっている。しかし，デジタル通貨やトークンセールスの概念は広範であり，これらについて横断的に定めた会計基準は国内外において存在しない。実際には，各国における法令や実務を踏まえ，個別のニーズに応じて部分的に明らかにされているだけである。

　例えば，日本では，2016年に公布された「情報通信技術の進展等の環境変化に対応するための銀行法等の一部を改正する法律」により，「資金決済に関する法律」（以下「資金決済法」という）が改正され，仮想通貨交換業者に対して登録制が導入されるとともに，仮想通貨交換業者の財務諸表について会計監査が義務付けられた。これを踏まえ，企業会計基準委員会（ASBJ）において資金決済法における仮想通貨[(1)]に関する会計処理を明らかにするための検討がなされ，2018年3月に実務対応報告第38号「資金決済法における仮想通貨の会計処理等に関する当面の取扱い」が公表され，日本の会計基準における仮想通貨の会計処理が一定程度明らかにされている。

　また，2019年5月に成立した金融商品取引法および資金決済法の一部改正等を踏まえ，金融商品取引法等に関する内閣府令に定義される「電子記録移転有価証券表示権利等」や改正資金決済法上の「暗号資産」の発行・保有等に係る会計上の取扱いについてASBJにおいて審議がされている。このように，日本では，デジタル通貨およびトークンセールスの会計処理について，主に法令の定義を踏まえて対象を明らかにした上で検討がされている。

　他方，国際財務報告基準（以下「IFRS®基準」または「IFRS基準」という）では，国際的な会計基準という性質上，基本的に，特定の法令の定義を踏まえて会計処理が定められることはない。ただし，国際財務報告解釈指針委員会（以下

---

(1)　2019年5月に成立した資金決済法の一部改正では，「仮想通貨」の名称は「暗号資産」へと変更されている。

「IFRS解釈指針委員会」という）によって，現行の会計基準を暗号通貨（cryptocurrencies）に適用した場合の会計処理のあり方が明らかにされている。また，米国においては，デジタル通貨およびトークンセールスに関する会計処理について米国財務会計基準審議会（FASB）は明らかにしていないが，2019年12月に米国公認会計士協会（AICPA）から，デジタル資産の会計処理に関するガイダンスが公表されている[(2)]。

　こうした背景を踏まえ，本章では，デジタル通貨およびトークンセールスの会計上の取扱いについて，以下の区分により説明する。

(1)　日本の会計基準における取扱い
- 実務対応報告第38号における取扱い（[2]）
- 電子記録移転有価証券表示権利等に関する会計処理（[3]）
- 資金決済法上の「暗号資産」に該当するトークンの発行に関する会計処理（[4]）
- デジタル通貨およびトークンセールスに関する会計処理の概要（[5]）
- 暗号資産取引業における会計処理実務（[6]）

(2)　IFRS基準における取扱い（[7]）

(3)　米国会計基準における取扱い（[8]）

[2]──日本基準（その1）：実務対応報告第38号における取扱い

(1)　会計基準公表の背景

　2016年5月に改正された資金決済法では，「仮想通貨」が定義された上で，仮想通貨交換業者に対して登録制が新たに導入され，2017年4月1日の属する事業年度の翌事業年度より，仮想通貨交換業者は，その財務諸表の内容について公認会計士または監査法人による財務諸表監査を受けることが義務付けられた。

　これを踏まえ，仮想通貨交換業者に対する財務諸表監査制度を円滑に運用することに加え，仮想通貨に関する多様な会計実務が形成されることを防止する

---

(2)　AICPAによるガイダンスは，2020年7月と10月に更新されている。

観点から，ASBJにおいて，仮想通貨の会計上の取扱いについて検討がされた。検討の結果，ASBJより，2018年3月に実務対応報告第38号「資金決済法における仮想通貨の会計処理等に関する当面の取扱い」が公表され，2018年4月1日以後開始する事業年度の期首から適用されている。

　なお，仮想通貨に関連するビジネスが初期段階にあり，今後の進展を予測することは難しいことや仮想通貨の私法上の位置付けが明らかではないことを踏まえ，実務対応報告第38号は，当面必要と考えられる最小限の項目に関する会計上の取扱いのみを定めている（実務対応報告第38号2項，22項）。このため，仮想通貨を利用して行われている取引のすべてがカバーされているわけではない。

　また，2020年5月1日より，改正資金決済法や金商法等の法律とそれに伴う政令や内閣府令等が施行され，仮想通貨の呼称も「暗号資産」に変更されているが，実務対応報告第38号が改正されていないため，本節では「仮想通貨」等法改正前の用語を用いている。

(2)　会計基準を理解するための基礎的な事項

①　実務対応報告第38号の適用範囲

　実務対応報告第38号では，仮想通貨交換業者に対する財務諸表監査制度の円滑な運用が基準開発の契機であったこと，および適用範囲を明確にすることから，その適用範囲を資金決済法上の仮想通貨としている（実務対応報告第38号3項）。

　ここで資金決済法上の仮想通貨は，次のいずれかに該当するものと定義されている（資金決済法2⑤一，二）。

(A) 物品を購入し，もしくは借り受け，または役務の提供を受ける場合に，これらの代価の弁済のために不特定の者に対して使用することができ，かつ，不特定の者を相手方として購入および売却を行うことができる財産的価値（電子機器その他の物に電子的方法により記録されているものに限り，本邦通貨および外国通貨ならびに通貨建資産を除く）であって，電子情報処理組織を用いて移転することができるもの

(B) 不特定の者を相手方として，(A)に掲げるものと相互に交換を行うことができる財産的価値（電子機器その他の物に電子的方法により記録されて

> いるものに限り，本邦通貨および外国通貨ならびに通貨建資産を除く）で
> あって，電子情報処理組織を用いて移転することができるもの

　したがって，仮に分散台帳（ブロックチェーン）を用いて取引の記録を行っ
ている場合でも，不特定の者を相手方とする取引に該当しないもの（前払式支
払手段発行者が発行するいわゆる「プリペイド・カード」等）は資金決済法上
の仮想通貨の定義に合致せず，実務対応報告第38号の適用範囲に含まれないも
のと考えられる。

　自己（自己の関係会社を含む）の発行した資金決済法に規定する仮想通貨は，
実務対応報告第38号の適用範囲から除外されている（実務対応報告第38号3項）。
これは，企業が発行した仮想通貨に関する論点としては，例えば，対価を得て
発行した仮想通貨について負債を計上するのか利益を計上するのか，自己に割
り当てた仮想通貨を会計処理の対象とするのか等が考えられるが，実務対応報
告第38号の公開草案における会計処理等の検討に際しては，自己以外の者によ
り発行されている仮想通貨の会計処理についてのみ議論が行われ，自己の発行
した仮想通貨の取引の実態とそこから生じる論点が網羅的に把握されていない
状況にあったためである。

　なお，いわゆる「マイニング」（採掘）などにより取得した仮想通貨は，通
常，自己（自己の関係会社を含む）以外の者により発行されているため，実務
対応報告第38号の範囲に含まれる（実務対応報告第38号26項）。

②　仮想通貨交換業者

　次に，実務対応報告第38号において，仮想通貨を保有する主体として想定さ
れている「仮想通貨交換業者」について確認する。仮想通貨交換業者は，仮想
通貨取引所の運営主体として仮想通貨利用者の間に立って両者を当事者とする
仮想通貨の売買の成立に尽力する媒介等の委託取引業務を行っている。この場
合，仮想通貨交換業者は，仮想通貨利用者の仮想通貨の売り注文と買い注文を
成立させるための交換市場を提供する（図表4−1を参照）。

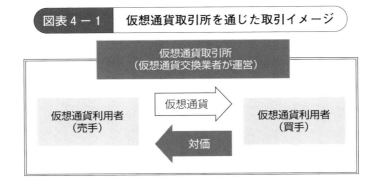

他方で、仮想通貨交換業者は、仮想通貨販売所における自己取引業務として、自らの資金を用いて仮想通貨利用者から仮想通貨を購入した上で、自らの利益のために仮想通貨利用者に対して仮想通貨の売却を行っている（**図表4－2**を参照）。

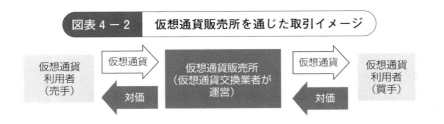

また、仮想通貨交換業者は、仮想通貨販売所における業務を行うにあたり、仮想通貨利用者から仮想通貨の預託を受けることがある。仮想通貨の預託にあたっては、仮想通貨交換業者が仮想通貨利用者の仮想通貨を管理・処分するために必要な暗号鍵等を保管する。

(3) 仮想通貨の保有者による会計処理

自己が保有する仮想通貨の会計上の性格やそれを踏まえた会計処理のあり方の検討にあたって、実務対応報告第38号では、**図表4－3**のようなステップで検討されている。

図表 4 - 3　会計上の考え方の整理

① 会計上の資産性の有無

　仮想通貨は，現時点において私法上の位置付けが明確でなく，仮想通貨に何らかの法律上の財産権を認めうるか否かについては明らかではないものと考えられる（資金決済法においては，「財産的価値」と定義されている）。

　日本の会計基準では，多くの場合，法律上の権利を会計上の資産として取り扱っている。ただし，必ずしも法律上の権利に該当することが会計上の資産に該当するための要件とはされておらず，例えば，繰延税金資産や自社利用のソフトウェア等についても資産計上がなされている。

　この点，仮想通貨は法律上の権利に該当するかどうかは明らかではないが，売買・換金を通じて資金の獲得に貢献する場合も考えられることから，実務対応報告第38号では，仮想通貨は会計上の資産として取り扱いうるものとして整理されている（実務対応報告第38号27項）。

② 既存の会計基準との関係

　資金決済法における仮想通貨が会計上の資産に該当すると整理される場合，次にこれをどのように会計処理すべきかが論点となる。この点，実務対応報告第38号では，仮想通貨について，既存の会計基準で取り扱っている外国通貨，金融資産，トレーディング目的で保有する棚卸資産，無形固定資産のいずれに該当するかが検討されたが，図表 4 - 4 に記載する理由から，いずれの方法も

適当でないと結論付けられた（実務対応報告第38号29〜33項）。

図表4－4	既存の会計基準に当てはめた検討

検討された案	実務対応報告第38号における検討概要	検討結果
「外国通貨」として会計処理	・仮想通貨は，本邦通貨ベースでみれば価値の変動を伴うものの，決済手段として利用する目的で保有される場合があり，外国通貨として会計処理することが候補となる。 ・しかし，会計基準における通貨の定めは，一般的に法定通貨であることが想定されているものの，仮想通貨は法定通貨ではないことから，仮想通貨を外国通貨として会計処理することは適当でない。	×
「金融資産」として会計処理	・仮想通貨は，有価証券などの金融資産と同様に投資目的で保有される場合があるため，金融資産として会計処理することも候補となる。 ・しかし，仮想通貨は現金でないほか，他の企業から現金もしくはその他の金融資産を受け取る契約上の権利に該当しない等の理由から，仮想通貨を金融資産として会計処理することは適当でない。	×
「トレーディング目的で保有する棚卸資産」として会計処理	・仮想通貨は，投資目的で保有される場合，主に実需以外の要因で価値が変動する金地金に類似した性質を有するほか，仮想通貨交換業者により営業目的を達成するために所有され，かつ売却を予定して保有される場合もあるため，棚卸資産として会計処理することも候補となる。 ・しかし，仮想通貨は決済手段として利用されるなど棚卸資産と異なる目的としても利用されるため，すべての仮想通貨を棚卸資産として会計処理することは適当でない。	×
「無形固定資産」として会計処理	・仮想通貨は，資金決済法において「電子的に記録され移転可能な財産的価値」とされており，無形の価値を有することから，無形固定資産として会計処理することも候補になる。 ・この点，国際的な会計基準も含め，一般的にトレーディング目的で保有される無形固定資産という分類は想定されていないため，仮想通貨を無形固定資産として会計処理することは適当でない。	×

③ 仮想通貨の会計処理に関する考え方

　上記のように，既存の会計基準にそのまま当てはめて，保有する仮想通貨の会計処理の取扱いを定めることが困難と考えられたため，実務対応報告第38号では，これまでの日本の会計基準における評価基準に関する考え方を参考に，

資産の保有目的や活発な市場の有無の観点から，考え方が整理された。

　これまでの日本の会計基準では，資産の保有目的について，売買目的有価証券やトレーディング目的で保有する棚卸資産など時価の変動により利益を得ることを目的として保有する資産については時価で評価することが適当とされており，通常の販売目的で保有する棚卸資産や製造設備など時価の変動ではなく事業活動を通じた資金の獲得を目的として保有する資産については取得原価で評価することが適当とされている。

　ここで，活発な市場が存在する仮想通貨は，主に時価の変動により売却利益を得ることや決済手段として利用すること，仮想通貨交換業者が業務の一環として仮想通貨販売所を営むために仮想通貨を一時的に保有することを目的として保有されることが想定される。このため，活発な市場が存在する仮想通貨は，いずれも仮想通貨の時価の変動により保有者が価格変動リスクを負うものであり，時価の変動により利益を得ることを目的として保有するものに分類することが適当と考えられた。

　一方，活発な市場が存在しない仮想通貨は，時価を客観的に把握することが困難であることが多く，また，時価により直ちに売買・換金を行うことに事業遂行上等の制約があることから，時価の変動を企業活動の成果とは捉えないことが適当と考えられた。

　このため，期末における仮想通貨の評価基準については，資産の保有目的や活発な市場の有無の観点から，活発な市場が存在する仮想通貨については市場価格に基づく価額をもって貸借対照表価額とし，帳簿価額との差額は当期の損益として処理する一方で，活発な市場が存在しない仮想通貨については取得原価をもって貸借対照表価額とするとされている（実務対応報告第38号34～38項）。

④　活発な市場が存在しない仮想通貨

　日本の会計基準においては，取得原価をもって貸借対照表価額とする資産の収益性が低下した場合，取得原価基準の下で回収可能性を反映させるように，過大な帳簿価額を減額し，将来に損失を繰り延べないために回収可能価額まで帳簿価額を切り下げる会計処理が行われている。この点を踏まえ，実務対応報告第38号では，活発な市場が存在しない仮想通貨についても，売買・換金に

よって資金の回収を図ることが想定されるため，評価時点における資金回収額を示す正味売却価額（時価から処分見込費用を控除して算定される金額をいう）がその帳簿価額を下回っているときには，収益性が低下していると考え，帳簿価額の切下げを行うことが適当であるとされている。

ここで，活発な市場が存在しない仮想通貨は，市場価格がなく，客観的な価額としての時価を把握することが困難な場合が多いと想定されることから，一般的に時価を基礎とした正味売却価額を見積ることは困難であると考えられる。この点，棚卸資産における期末評価時の時価を基礎とした正味売却価額の見積りが困難な場合の定めとして，期末日における「処分見込価額（ゼロ又は備忘価額を含む。）」を用いる取扱いが認められていることを踏まえ，実務対応報告第38号では，活発な市場が存在しない仮想通貨についても，期末における「処分見込価額（ゼロ又は備忘価額を含む。）」が取得原価を下回る場合には，「処分見込価額（ゼロ又は備忘価額を含む。）」まで帳簿価額を切り下げることとされている。

なお，具体的な処分見込価額の見積りは，例えば，独立第三者の当事者との相対取引を行った場合の価額等，資金の回収が確実な金額に基づくことが考えられるが，資金の回収が確実な金額を見積ることが困難な場合にはゼロまたは備忘価額を処分見込価額とすることになると考えられる（実務対応報告第38号41〜43項）。

期末における仮想通貨の評価に係る会計処理をまとめると，以下のように整理される（実務対応報告第38号５項，６項）。

<**活発な市場が存在する場合**>
• 市場価格に基づく価額をもって当該仮想通貨の貸借対照表価額とする。
• 当該価額と帳簿価額との差額は，当期の損益として処理する。

<**活発な市場が存在しない場合**>
• 取得原価をもって貸借対照表価額とする。
• 期末における「処分見込価額（ゼロ又は備忘価額を含む。）」が取得原価を下回る場合には，当該処分見込価額をもって貸借対照表価額とし，取得原

価と当該処分見込価額との差額は当期の損失として処理する。

　前期以前に行った資産の帳簿価額の切下げの会計処理については，切放法と洗替法の２つの方法があるが，活発な市場が存在しない仮想通貨の場合，その取引形態や価格形成の仕組みが明らかではないことから，期末日における処分を前提として処分見込価額まで簿価を切り下げた後には，保守的に切放法のみが認められるものとされた。よって，前期以前において，仮想通貨の取得原価と処分見込価額との差額を損失として処理した場合，当該損失処理額について，当期に戻入れを行わない（実務対応報告第38号７項，44項）。

　期末における仮想通貨の評価をフローチャートで示すと**図表４－５**のとおりとなる。

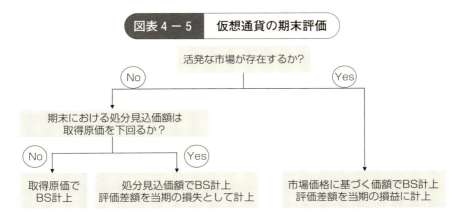

図表４－５　　仮想通貨の期末評価

　活発な市場が存在するか？

No　　　　　　　　　　　　　　　　Yes

期末における処分見込価額は
取得原価を下回るか？

No　　　　　Yes

取得原価で
BS計上

処分見込価額でBS計上
評価差額を当期の損失として計上

市場価格に基づく価額でBS計上
評価差額を当期の損益に計上

　なお，実務対応報告第38号における考え方は，ASBJが2006年12月に公表した討議資料「財務会計の概念フレームワーク」（以下「ASBJ討議資料」という）で示した考え方とおおむね整合的と考えられる。すなわち，ASBJ討議資料では，「投下資金が投資のリスクから解放された」時点で収益を認識するとされており（ASBJ討議資料　第３章 13項），事業活動を通じた資金の獲得を目的として保有する資産等「事業投資」に該当するものについては事業のリスクに拘束されない独立の資産を獲得したとみなすことができるときに投資のリスクから解放されるものと考えられる。一方，事業の目的に拘束されず，保有資産の値上が

りを期待した「金融投資」から生じる価値の変動は，そのまま期待に見合う事実として，リスクから解放された投資の成果に該当するものとして捉える（ASBJ討議資料　第4章56項，57項），という考え方が示されている。

　「活発な市場が存在する仮想通貨」は，実務対応報告第38号の開発時点において想定されたその利用目的を踏まえると，ASBJ討議資料で示されている「金融投資」の性質におおむね相当するものと思料される。

(4)　仮想通貨に関する会計処理の諸論点
①　活発な市場の判断規準

　仮想通貨交換業者または仮想通貨利用者の保有する仮想通貨について，活発な市場が存在する場合とは，以下をいう（実務対応報告第38号8項）。

> 活発な市場が存在する場合…継続的に価格情報が提供される程度に仮想通貨取引所または仮想通貨販売所において十分な数量および頻度で取引が行われている場合

　日本の会計基準において，「市場には，公設の取引所及びこれに類する市場のほか，随時，売買・換金等を行うことができる取引システム等も含まれる」とされており（企業会計基準第10号「金融商品に関する会計基準」（注2）），「取引所及び店頭において取引が行われていなくても，随時，売買・換金等を行う取引システム（例えば，金融機関・証券会社間の市場，ディーラー間の市場，電子媒体取引市場）が流通性を確保する上で十分に整備されている場合には，そこで成立する取引価格を市場価格とすることができる」とされている（2019年改正前の会計制度委員会報告第14号「金融商品会計に関する実務指針」（以下「金融商品実務指針」という）51項）。よって，随時に，売買・換金を行うことができる仮想通貨取引所や仮想通貨販売所は，ここでいう市場に含まれうると考えられる（実務対応報告第38号45項）。

　また，「活発な市場」について，例えば，企業会計基準第9号「棚卸資産の評価に関する会計基準」3項において「売却には，通常の販売のほか，活発な市場が存在することを前提として，棚卸資産の保有者が単に市場価格の変動により利益を得ることを目的とするトレーディングを含む。」との定めがあり，

2019年改正前の金融商品実務指針53項②では，市場（取引所もしくは店頭）において取引がなされていても実際の売買事例が極めて少ない金融資産または市場価格が存在しない金融資産については，活発な市場における市場価格がないものに該当するとされているが，これらの定めにおいて，「活発な市場」の定義は行われていない。他方で，国際的な会計基準においては「活発な市場」の判断規準についての考え方が示されている。このため，実務対応報告第38号では，これらを参考に，活発な市場が存在する場合とは，上記のとおり継続的に価格情報が提供される程度に仮想通貨取引所または仮想通貨販売所において十分な数量および頻度で取引が行われている場合をいうとされている。

　なお，活発な市場が存在するかどうかについては，保有する仮想通貨の種類，当該保有する仮想通貨の過去の取引実績および当該保有する仮想通貨が取引の対象とされている仮想通貨取引所または仮想通貨販売所の状況等を勘案し，個々の仮想通貨の実態に応じて判断することが考えられる。

　上記の判断に際して，例えば，合理的な範囲内で入手できる価格情報が仮想通貨取引所または仮想通貨販売所ごとに著しく異なっていると認められる場合や，売手と買手の希望する価格差が著しく大きい場合には，通常，市場は活発ではないと判断されるものと考えられる（実務対応報告第38号46項，47項）。

②　活発な市場が存在する仮想通貨の市場価格

　保有している活発な市場が存在する仮想通貨の期末評価において，市場価格として仮想通貨取引所または仮想通貨販売所で取引の対象とされている仮想通貨の取引価格を用いるときは，以下のように取り扱う（実務対応報告第38号9項，10項）。

- 保有する仮想通貨の種類ごとに，「通常使用する自己の取引実績の最も大きい仮想通貨取引所または仮想通貨販売所」における取引価格（取引価格がない場合には，仮想通貨取引所の気配値または仮想通貨販売所が提示する価格）を用いる。
- 期末評価に用いる市場価格には，取得または売却に要する付随費用は含まない。

- 仮想通貨交換業者において，「通常使用する自己の取引実績の最も大きい仮想通貨取引所または仮想通貨販売所」が自己の運営する仮想通貨取引所または仮想通貨販売所である場合，当該仮想通貨交換業者は，自己の運営する仮想通貨取引所または仮想通貨販売所における取引価格等が「公正な評価額」を示している市場価格であるときに限り，時価として期末評価に用いることができる。

　日本の会計基準では，例えば，金融資産について，複数の市場で取引されている場合は，当該金融資産の取引が最も活発に行われている市場の取引価格を市場価格として適用することが定められている（2019年改正前の金融商品実務指針257項）。また，複数の市場で気配値を入手できるデリバティブ取引について，会社が通常使用する市場での価格を使用することが定められており（2019年改正前の金融商品実務指針102項），国際的な会計基準でも，反証がない限り，企業が通常使用する市場での価格を公正価値測定において使用することとされている（実務対応報告第38号48項）。

　ここで，海外も含めた各仮想通貨取引所または仮想通貨販売所の取引量を網羅的に把握し，取引が最も活発に行われている仮想通貨取引所または仮想通貨販売所における取引価格等を決定することは困難であると考えられるため，通常使用する自己の取引実績の最も大きい仮想通貨取引所または仮想通貨販売所における取引価格等を市場価格として使用することとされている（実務対応報告第38号49項）。

　なお，仮想通貨交換業者において，通常使用する自己の取引実績が最も大きい仮想通貨取引所または仮想通貨販売所における取引価格等が，自己の運営する仮想通貨取引所または仮想通貨販売所における取引価格等となる場合，時価は公正な評価額であることが前提となるため，当該取引価格等が「公正な評価額」を示している市場価格であるときに限り，時価として期末評価に用いることができるものとされている点に注意する必要がある（実務対応報告第38号50項）。

③　活発な市場の判断の変更
　保有する仮想通貨について，活発な市場の判断が変更される場合，以下のよ

うに会計処理を行う（実務対応報告第38号11項，12項）。

> **＜活発な市場が存在する仮想通貨から，活発な市場が存在しない仮想通貨へ変更された場合＞**
>
> - 活発な市場が存在しない仮想通貨となる前に最後に観察された市場価格に基づく価額をもって取得原価とし，評価差額は当期の損益として処理する。
>
> **＜活発な市場が存在しない仮想通貨から，活発な市場が存在する仮想通貨へ変更された場合＞**
>
> - その後の期末評価は市場価格に基づく価額をもって当該仮想通貨の貸借対照表価額とし，当該価額と帳簿価額との差額は当期の損益として処理する。

　なお，活発な市場が存在しない仮想通貨は，前期以前に行った資産の帳簿価額の切下げの会計処理については前期以前に計上した損失処理額の戻入れを行わない切放法のみが認められているが，その後，活発な市場が存在する仮想通貨となった場合には，市場価格に基づく価額をもって当該仮想通貨の貸借対照表価額とし，帳簿価額との差額は当期の損益として処理することとなる。したがって，結果的に，前期以前に計上した損失処理相当額が当該差額に含まれることにより当期の損益として処理されることがありうる（実務対応報告第38号51項）。

④　仮想通貨の売却損益の認識時点

　仮想通貨交換業者および仮想通貨利用者は，仮想通貨の売却損益を当該仮想通貨の売買の合意が成立した時点において認識する（実務対応報告第38号13項）。

　日本の会計基準においては，売却損益の認識時点に関する具体的な判断基準として，売買の合意が行われた時に売却損益の認識を行う約定日基準と，引渡時に売却損益の認識を行う受渡日基準の2つの方法がみられる（実務対応報告第38号52項）。

　ここで，仮想通貨の売買取引については，売買の合意が行われた後において，取引情報がネットワーク上の有高として記録されるプロセス等は仮想通貨の種類や仮想通貨交換業者により様々であるものの，通常，売手は売買の合意が成立した時点で売却した仮想通貨の価格変動リスク等に実質的に晒されておらず，

売却損益は確定していると考えられる。

　そのため，実務対応報告第38号では，取引情報がネットワーク上の有高として記録されるプロセス等に個別に踏み込むことなく，売却損益の認識時点として売買の合意が成立した時点とする判断基準のみが示されている（実務対応報告第38号53項）。

(5)　仮想通貨交換業者が預託者から預かった仮想通貨の取扱い
①　資産および負債の認識

　仮想通貨交換業者は，預託者との預託の合意に基づき，例えば，仮想通貨交換業者が預託者に保有する仮想通貨を売却した後に預託者の仮想通貨を預かることや預託者から仮想通貨の送付を受けることにより，仮想通貨の預託を受けることがある。

　この場合，仮想通貨交換業者における会計処理は以下のとおりとされている（実務対応報告第38号14項）。

＜資産の認識＞
- 仮想通貨交換業者は，預託者との預託の合意に基づいて仮想通貨を預かった時に，預かった仮想通貨を資産として認識する。
- 当該資産の当初認識時の帳簿価額は，預かった時の時価により算定する。

＜負債の認識＞
- 仮想通貨交換業者は，資産の認識と同時に，預託者に対する返還義務を負債として認識する。
- 当該負債の当初認識時の帳簿価額は，預かった仮想通貨に係る資産の帳簿価額と同額とする。

　これまでのわが国の実務慣行においては，原則として，預託者から預かった資産について，法律上の権利の受託者への移転に着目し，預かった資産を会計上の資産として計上するか否かを判断しているが，仮想通貨は，私法上の位置付けが明確ではないため，法律上の権利の受託者への移転に関する判断を行うことができない（実務対応報告第38号54項）。

　この点，仮想通貨交換業者が預託者との預託の合意に基づいて預かった仮想通貨については，自己が保有する仮想通貨と明確に区分し，かつ，預かった仮想通貨についてどの預託者から預かった仮想通貨であるかが直ちに判別できる状態で管理することが「仮想通貨交換業者に関する内閣府令」（平成29年内閣府令第7号）において求められているものの，一般に仮想通貨自体には現金と同様に個別性がない。また，預かった仮想通貨については仮想通貨交換業者が処分に必要な暗号鍵等を保管することから，仮想通貨交換業者は預託者から預かった仮想通貨を自己の保有する仮想通貨と同様に処分することができる状況にある。さらに，預かり資産として預託者の仮想通貨を受け入れた場合に，仮想通貨交換業者が破産手続の開始決定を受けたときには，仮想通貨交換業者の破産財団に組み込まれた預託者の仮想通貨について預託者の所有権に基づく取戻権は認められていないといわれている。

　これらの状況を踏まえ，実務対応報告第38号では，自己が保有する仮想通貨との同質性を重視し，現金の預託を受ける場合と同様に，仮想通貨交換業者は預託者との預託の合意に基づいて預かった時において，その時点の時価により資産として計上することとされている（実務対応報告第38号55項，56項）。

②　期末の評価

　期末において，仮想通貨交換業者は，預託者から預かった仮想通貨について以下のとおり会計処理を行い，資産および負債の期末評価からは損益を計上しない（実務対応報告第38号15項）。

<資産の評価>
- 預託者から預かった仮想通貨に係る資産の期末の帳簿価額について，仮想通貨交換業者が保有する同一種類の仮想通貨から簿価分離した上で，活発な市場が存在する仮想通貨と活発な市場が存在しない仮想通貨の分類に応じて，仮想通貨交換業者の保有する仮想通貨と同様の方法により評価を行う。

＜負債の評価＞

- 預託者への返還義務として計上した負債の期末の貸借対照表価額を，対応する預かった仮想通貨に係る資産の期末の貸借対照表と同額とする。

　資産の評価に関して，仮想通貨交換業者が預託者から預かった仮想通貨は，自己が保有する仮想通貨との同質性を重視する観点から，保有する仮想通貨と同様の方法で期末評価を行うものとされている（実務対応報告第38号57項）。また，預託者から預かった仮想通貨に係る価格変動リスク等は仮想通貨交換業者が負うものではなく，仮想通貨交換業者が預託者から預かった仮想通貨から損益を生じさせることは適当ではないため，預託者から預かった仮想通貨に係る負債の期末の貸借対照表価額は，当該預かった仮想通貨に係る資産の期末の貸借対照表価額と同額とされている（実務対応報告第38号58項）。

(6)　開　　示
①　売却時の損益計算書の表示
　仮想通貨の売却取引を行う場合，当該仮想通貨の売却取引に係る売却収入から売却原価を控除して算定した純額を損益計算書に表示する（実務対応報告第38号16項）。仮想通貨の売却取引について，総額で表示せず，純額で表示するとされたのは，以下の理由による。

- 仮想通貨利用者は，時価の変動により利益を得ることや決済手段として利用することを目的として仮想通貨を保有することが想定される。これらの目的で保有する場合，その発生した期間における企業活動の成果として売買取引に伴って得られる差益を純額で表示することが適切である（実務対応報告第38号62項）。
- 仮想通貨交換業者が行う活発な市場が存在する仮想通貨の売買取引は，通常，同一種類に対する購入および売却が反復的・短期的に行われ，購入価格と売却価格の差益を獲得するために行われているものと考えられる。この特徴を踏まえ，仮想通貨交換業者が行う仮想通貨の取引に係る売却損益は，売買取引に伴って得られる差益をその発生した期間における企業活動の成果として純額で表示することが適切である（実務対応報告第38号60項）。

- 仮想通貨交換業者が活発な市場が存在しない仮想通貨を保有する場合においては，反復的・短期的な売買取引の対象とはならないが，仮想通貨の売買取引に伴って得られる差益の獲得を目的として保有する点では活発な市場が存在する仮想通貨と同様であると考えられる（実務対応報告第38号61項）。

②　注　記

仮想通貨交換業者または仮想通貨利用者は，財務諸表等において以下の事項を注記する必要がある（実務対応報告第38号17項）。

＜保有する仮想通貨＞

- 貸借対照表価額の合計額
- 活発な市場が存在する仮想通貨と活発な市場が存在しない仮想通貨の別に，仮想通貨の種類ごとの保有数量および貸借対照表価額[※]

（※）　貸借対照表価額が僅少な仮想通貨については，貸借対照表価額を集約して記載することができる。

＜仮想通貨交換業者が預かっている仮想通貨＞

- 貸借対照表価額の合計額

なお，仮想通貨利用者は，仮想通貨利用者の期末日において保有する仮想通貨の貸借対照表価額の合計額が資産総額に比して重要でない場合，注記を省略することができる。また，仮想通貨交換業者は，仮想通貨交換業者の期末日において保有する仮想通貨の貸借対照表価額の合計額および預託者から預かっている仮想通貨の貸借対照表価額の合計額を合算した額が資産総額に比して重要でない場合，注記を省略することができる。

仮想通貨は，通常，価値の裏付けがないことから，保有に伴う価格変動リスクが外国通貨や金融資産と比較しても大きく，また，取引の仕組みなどに内在するリスクが存在するため，外国通貨や金融資産と異なる性質を有する。また，このようなリスクは仮想通貨の種類ごとに異なるものと考えられる。このため，期末に保有する仮想通貨の種類ごとの保有数量および貸借対照表価額を開示することにより，財務諸表利用者は仮想通貨交換業者または仮想通貨利用者が保

有する仮想通貨の種類ごとのリスクの評価が可能になる。

　加えて，仮想通貨の種類によっては，同一種類の仮想通貨であっても複数の仮想通貨取引所または仮想通貨販売所で異なる取引価格等が形成される可能性があるため，仮想通貨交換業者および仮想通貨利用者の期末における仮想通貨の種類ごとの内訳の開示は，財務諸表利用者にとって有用な情報と考えられる。このため，期末に保有する仮想通貨の種類ごとの保有数量および貸借対照表価額を開示することにより，財務諸表利用者は仮想通貨交換業者または仮想通貨利用者が保有する仮想通貨の種類ごとの情報を把握することが可能になる（実務対応報告第38号63項）。

(7)　設　例

　自己が保有する仮想通貨に関する設例は，**図表 4 － 6** のとおりである。

| 図表 4 － 6 | 自己が保有する仮想通貨の会計処理 |

【前提事項】
- 会社は，活発な市場が存在する仮想通貨 1 単位を10,000円で現金により購入した。
- 期末において，仮想通貨 1 単位の市場価格は14,000円となった。
- 翌期の期中において，会社は仮想通貨 1 単位を12,000円で売却した。
- 購入時および売却時の手数料は，考慮しない。
- 表示科目は実務対応報告第38号で定めていないので，例示である。
- 税効果会計は考慮しない。

（取得時の会計処理）

| （借）仮想通貨 | 10,000 | （貸）現金 | 10,000 |

（期末時の会計処理）

| （借）仮想通貨 | 4,000 | （貸）仮想通貨評価益※ | 4,000 |

※4,000（仮想通貨評価益）＝14,000（期末の市場価格）－10,000（帳簿価額）

（売却時の会計処理）

| （借）現金 | 12,000 | （貸）仮想通貨 | 14,000 |
| 　　　仮想通貨売却損※ | 2,000 | | |

※2,000（仮想通貨売却損）＝14,000（帳簿価額）－12,000（売却価格）

3──日本基準（その2）：電子記録移転有価証券表示権利等に関する会計処理

(1)　背　景

　金融庁が2018年3月に設置した「仮想通貨交換業等に関する研究会」では，Initial Coin Offering（ICO）に係る金融規制のあり方についても大きな議論となった。これを踏まえて，2018年12月に同研究会から公表された報告書では，「投資に関する金融規制を要するICO」と「決済に関する金融規制を要するICO」とに区分され，2019年に成立した金融商品取引法および資金決済法等の改正およびその後に金融庁から公表された文書等において，これらに関する定めが設けられた。

　特に，「投資に関する金融規制を要するICO」については，本書第3章「デジタル資産に関する法務」[1](5)に記載されているとおり，金融商品取引法において，「電子記録移転権利」が定義され，これを第一項有価証券に含めることで原則として開示規制を課し，その業としての取扱いに第一種金融商品取引業の登録を求めることとされた。また，金融商品取引法の改正にあたって行われた国会の審議では，「情報通信技術の進展に伴う金融取引の多様化に対応するための資金決済に関する法律等の一部を改正する法律案に対する附帯決議」として，「ICOの会計処理等は，発行されるトークンの性質に応じて異なるものと考えられるため，国際的な議論を勘案しつつ，会計処理等の考え方について整理のうえ，ガイドラインの策定等の必要な対策を講ずること。」という旨が記載され，改正後の金融商品取引法の施行にあたって，会計処理等の考え方を整理することが促された。

　これを踏まえ，2019年11月に開催された基準諮問会議で会計上の取扱いの明確化に関する提言が示され，ASBJは2019年12月に金融商品取引法に定義される「電子記録移転権利」の発行者および保有者の会計処理，および資金決済法上の「暗号資産」に該当するICOトークンの発行・保有等を行う場合の会計処理に関する審議に着手した。

　その後，2020年4月に金融庁より金融商品取引業に関する内閣府令の改正が

され，「電子記録移転有価証券表示権利等」が定義付けられたことを踏まえ，「電子記録移転権利」に代わり，金融商品取引業等に関する内閣府令1条4項17号に定義される「電子記録移転有価証券表示権利等」を発行または保有する場合の会計処理の取扱いを明らかにする方向で検討を進めることとされた。なお，「電子記録移転有価証券表示権利等」の定義は，本書第3章「デジタル資産に関する法務」で説明されている。

ASBJは，審議を踏まえ，電子記録移転有価証券表示権利等の発行・保有等に係る会計上の取扱いについて論点整理を公表する予定を示しているが，2021年6月時点において，論点整理の公表時期は示していない。このため，以下においては，2021年6月までになされたASBJの審議をもとに，これまでの検討の背景や主なポイントについて説明する。

(2) 電子記録移転有価証券表示権利等の会計処理
① 電子記録移転有価証券表示権利等の会計処理に関する考え方

電子記録移転有価証券表示権利等を発行する場合でも，発行者の義務や保有者の権利は，金融商品取引法2条1項で定められる有価証券または2条2項において有価証券とみなされる権利（以下「みなし有価証券」という）と実質的に異ならない。両者の差は，通常は，ブロックチェーン技術等を用いて発行されるものか否かのみと考えられる。

このため，ASBJの審議においても，「電子記録移転有価証券表示権利等」の会計処理は，基本的に，既存の有価証券またはみなし有価証券の発行者または保有者の会計処理と同様とする方向で検討されている。

また，電子記録移転有価証券表示権利等の発行は，多くの場合，株式会社以外の事業体によって行われることが想定される。具体的には，いわゆるGK-TKスキーム，信託を用いたスキーム等によることが考えられる。この点，日本の会計基準では，これまで基本的に株式会社を念頭に会計処理が定められており，これらの事業体による会計処理については法務省令によるもの以外，基本的に定められていなかった。このため，ASBJによる審議では，これらの事業体における会計処理についても明示的に定めるべきかについて検討がされた。

しかし，ASBJは，これまでの審議において，電子記録移転有価証券表示権利等の会計処理を明らかにするために，これらの事業体の会計処理について包括的に定めることは困難として，これらの会計処理を具体的に定めることを行わない方向性を示している。

② 電子記録移転有価証券表示権利等の発行者の会計処理

電子記録移転有価証券表示権利等の発行が今後どのような形で行われるかについては，今後の実務の形成を待つ必要があるが，多くの場合，既存の有価証券やみなし有価証券の発行と異なり，発行されるトークンに財またはサービスの提供を受ける権利を組み込む（付与する）ことが企図されている。また，電子記録移転有価証券表示権利等が通常，ブロックチェーンを用いて発行されることを踏まえると，その対価を暗号資産で受け取ることも想定される。このため，ASBJによる審議では，こうした点を踏まえ，これらに関する会計上の取扱いについて特に明示すべきかについて審議された。

(i) 発行されるトークンに財またはサービスの提供を受ける権利を付与する場合

電子記録移転有価証券表示権利等は，通常ブロックチェーンを用いて発行されることが前提とされているため，従来よりも小口の単位で権利の発行がされることが想定される。また，トークンの発行を通じてこれを媒介にした取引が行われる経済圏（以下「トークン・エコノミー」という）を形成することが当該権利等の発行の狙いとされることが多いと考えられる。このため，電子記録移転有価証券表示権利等の発行にあたっては，多くの場合，トークンに一定の財またはサービスの提供を受ける権利が付与されることが想定される。

このため，ASBJによる審議では，電子記録移転有価証券表示権利等に財またはサービスの提供を受ける権利が付与される場合の会計処理について検討された。従来，有価証券またはみなし有価証券の発行にあたって，配当または利息以外の権利，すなわち財またはサービスを提供する権利が付与される事例は多くなく，株主優待制度に基づき保有株式等に応じて商品が株主に配布されることがある程度であった。また，株主優待制度の会計処理は，必ずしも明確に

はされていなかった。ただし、日本公認会計士協会（JICPA）が2013年6月に公表した「我が国の引当金に関する研究資料」によると、日本では、これを資本取引としての配当でなく、損益取引とし、株主優待引当金を認識した上で、費用として会計処理している事例が多いものと考えられる。これを踏まえ、ASBJによる審議では、以下のような点が検討された。

- 電子記録移転有価証券表示権利等に付与される財またはサービスの提供を受ける権利の付与は所有主としての立場での取引と考えて「資本取引」として会計処理すべきか、または、特に電子記録移転有価証券表示権利等に保有するトークンの数に応じて財またはサービスの提供を受ける権利が付与されているような場合、所有主との取引ではあるものの、所有主の立場での取引ではないものとして「損益取引」として会計処理すべきか
- 仮に一部を払込資本に含めずに損益取引として会計処理する場合、例えば、企業会計基準第29号「収益認識に関する会計基準」（以下「収益認識会計基準」という）における履行義務による取引対価の配分と同様の方法で、受領した対価を配分すべきか

ASBJは、これまでの審議において、株式会社が電子記録移転有価証券表示権利等に該当するトークンを発行し、これに財またはサービスの提供を受ける権利が付与されている場合、払込金額に占める重要性が乏しいときには、払込金額によって払込資本を計上することが適当とする方向性を示している。

(ii) 発行されるトークンの対価を暗号資産で受領する場合

電子記録移転有価証券表示権利等が通常ブロックチェーン技術を利用して発行されることを踏まえると、対価を暗号資産で受領する事例も想定される。このため、ASBJによる審議では、こうした場合に、受領した暗号資産をどのように会計処理すべきかについて審議された。この点、ASBJによる審議では、暗号資産を「モノ」と考えるか「通貨」に類似したものと考えるかによって、収益認識会計基準の定めに準じて会計処理を行う方法（受領した暗号資産の時価によって取引価額を算定する）によるべきか、または外貨建取引等会計基準の定めに準じて会計処理を行う方法（取引の認識時点における換算レートで換算し、発行後は換算替えを行う）によるべきかが異なるとの見解が示された。

しかし，ASBJは，これまでの審議において当該論点の検討には相当程度の時間を要すると考えられたほか，現時点では会計処理を定めるニーズが必ずしも明らかでないとして，特段の方向性を示すことを予定していない。

③　電子記録移転有価証券表示権利等の保有者の会計処理

電子記録移転有価証券表示権利等の保有者による会計処理については，特に期末にどのような会計処理をすべきかが重要と考えられる。この点，例えば，電子記録移転権利が組合スキームによって発行された場合，現行の会計基準によると，出資者の持分相当額を純額で取り込む会計処理が原則とされている。これは，従来，組合への出資者の持分相当額が転々と流通することがなかったこと等を踏まえ，企業会計基準第10号「金融商品に関する会計基準」の開発にあたって実務で行われていた会計処理を踏襲したものと考えられる。

他方，今後，電子記録移転権利の流通市場が整備された場合，市場価格が形成される可能性がある。この場合，組合を事業体とみて出資を行っている場合には，出資者の持分相当額を取り込む方法は実態に合わないため，市場性のある有価証券の期末処理に準じて，時価評価をすべきではないかとの見解もある。

ASBJによる審議では，こうした点の検討は既存の組合への出資に関する会計処理にも影響を与える可能性があり，相当程度検討に時間を要するという見解が示された。このため，ASBJは，これまでの審議において，市場の形成が行われていない現時点においては，当面，この点を取り扱わない一方で，今後，新たなニーズが生じた場合，審議を行うかどうかを検討するという方向性を示している。

図表 4 － 7 は，①から③で説明した電子記録移転有価証券表示権利等の発行者および保有者の会計処理の概要をまとめたものである。

図表 4 - 7	電子記録移転有価証券表示権利等の発行者および保有者の会計処理についての検討

検討論点	ASBJによる2021年6月までの審議のポイント
基本的な考え方	基本的に，既存の有価証券の会計処理と同様とする。
発行者：財またはサービスを提供する権利を付与する場合の会計処理	発行される株式に財またはサービスの提供を受ける権利が付与されている場合，払込金額に占める重要性が乏しいときには，払込金額によって払込資本を計上する。
発行者：対価として暗号資産を受領する場合の会計処理	現時点では特段の取扱いは示さない。
保有者：期末処理	今後，新たなニーズが生じた場合，審議を行うかどうかを検討する。

4──日本基準（その3）：資金決済法上の「暗号資産」に該当するトークンの発行に関する会計処理

　2019年11月に開催された基準諮問会議で示された提言では，3に記載した「電子記録移転有価証券表示権利等」の会計処理に加え，資金決済法上の「暗号資産」に該当するICOトークンを発行する場合の会計処理についても検討することが提言された。これを踏まえ，ASBJは，2019年12月以降，これに関する検討を実施している。

　しかし，ASBJによる審議では，暗号資産に該当するICOトークンの発行は2018年中旬以降急減しているほか，国際的な会計基準においても暗号資産に該当するICOトークンの保有および発行に関する会計処理は確立されていないとの指摘がされた。

　また，基準開発を行うにあたって，例えば，①暗号資産の発行を1つの単位として会計処理を行うか，暗号資産の発行にあたって企業が負う義務やICOトークンの保有者が得る権利に着目して複数の構成要素に分けて会計処理を行うべきか，②発行される暗号資産の対価として別の暗号資産を受領した場合に当該資産をどのように認識・測定すべきか，③それぞれの状況に応じてどのような開示が適切か等，検討すべき論点が多くある旨が指摘された。

　特に，暗号資産の発行にあたって企業が負う義務やICOトークンの保有者が

得る権利に着目して複数の構成要素に分けて会計処理を行う場合，以下のように，短期間で結論を見出すことが困難な論点がある旨が指摘された。

- ICOトークンに，将来，財またはサービスを提供する権利が付与されている場合，収益認識会計基準を踏まえ，ICOに応募した者が収益認識会計基準における「顧客」に該当するか，および，ICOトークンにおけるスマート・コントラクトが収益認識会計基準における「契約」に該当するか
- 仮に収益認識会計基準に従った会計処理をすべきと考える場合，ICOトークンの発行が等価交換でされるという前提を置いてよいか，仮に等価交換でない可能性もあるとする場合，収益の認識において基礎とする取引価格を引き渡した財またはサービスの時価により測定することが実行可能でかつ適切か
- 収益認識会計基準に従った会計処理が適切でないと判断されるICOトークンの発行があるとすれば，どのような場合に，引当金の計上がされるべきか
- ICOにより受領した対価を特定の使途（例：プラットフォームの構築）に利用することが想定されている場合，企業会計原則注解24「国庫補助金等によって取得した資産について」に従って会計処理されるべきものがあるか
- ICOにより受領した対価を複数の構成要素（例：収益，引当金，工事負担金等）に分割して配分した上で会計処理する場合，どのような方法で配分すべきか
- ICOトークンの発行による対価として，資金決済法上の暗号資産を受領した場合，当該暗号資産をどのように認識・測定すべきか
- 暗号資産が発行された場合，発行時およびその後の会計期間末において，どのような開示が必要と考えられるか

こうした指摘を踏まえ，ASBJは，暗号資産の発行に関する会計処理については，電子記録移転有価証券表示権利等の会計処理に関する検討とは切り離して検討することとしている。

このため，2021年 6 月時点において，資金決済法上の「暗号資産」に該当するICOトークンの発行・保有等に係る会計上の取扱いに関する会計上の論点の

分析および基準開発の必要性について，関係者からの意見を募集することを目的とした論点整理を公表することが予定されている。

図表4－8	暗号資産に該当するトークンの発行に関する会計処理（検討課題）

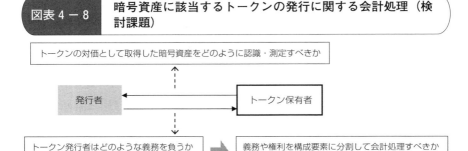

5 ── 日本基準（その4）：デジタル通貨およびトークンセールスに関する会計処理の概要

以上において日本基準で定められているデジタル通貨やトークンセールスについて説明したが，デジタル通貨およびトークンセールスには，第2章「デジタル資産に係るビジネス動向」で整理されているとおり，様々な類型があり，ASBJによる検討でカバーされていないものも多い。

例えば，実務対応報告第38号では，保有者による仮想通貨（暗号資産）の会計処理について多くの点が明らかにされているが，ビットコインのノード形成にあたって付与される「マイニング」に係る報酬の会計処理や既存の仮想通貨が分岐することを意味する「ハードフォーク」に係る会計処理については明らかにされていない。また，ある少額の仮想通貨が既存の仮想通貨の保有者に対して無償で付与される「エアードロップ」の会計処理についても明らかにされていない。さらに，中央銀行が発行するデジタル通貨や特定の地域での流通を前提として発行される地域通貨の会計処理についても，会計基準や実務対応報告第38号では明らかにされていない。

デジタル通貨およびトークンセールスについては，様々な類型が考えられる

ほか，現在構想段階のものも多く，これらについて網羅的に明らかにすること
は困難である。しかし，会計実務の検討における出発点とするため，**図表4－
9**および**図表4－10**において，デジタル通貨およびトークンセールスについて，
主な類型ごとに会計処理の考え方を一例としてまとめている。

図表4－9	デジタル通貨の主な類型ごとの会計処理（概要）

デジタル通貨の種類	発行主体	法的位置付けと会計処理の考え方
デジタル形式で発行された法定通貨（例：カンボジアのバコン）	中央銀行	・従来，紙幣で発行されていたものが単純にデジタル化されているだけの場合，その法的な位置付けに変化はないと考えられる。 ・このため，たとえデジタル形式で発行されたとしても，法定通貨は現金として会計処理される可能性がある。
地域通貨（例：さるぼぼコイン）	地方公共団体，NPO，金融機関等	・資金決済法における前払式支払手段に該当する場合がある。 ・前払式支払手段に該当する場合，保有者においては仮払金等，発行者においては金融負債として会計処理される可能性がある。
資金決済法上の暗号資産（例：ビットコイン）	多様	・資金決済法で定義が定められている。 ・実務対応報告第38号が公表されている。
ステーブルコイン（例：テザー，USDコイン）	民間団体	・分類方法は様々あるが，例えば，法定通貨で裏付けられている「法定通貨担保型」，仮想通貨で裏付けられている「仮想通貨担保型」，裏付資産のない「無担保型」（またはアルゴリズム型）に類型化しうる。 ・ステーブルコインの保有者が発行体に対して法定通貨の償還を要求する無条件の権利を有しているような場合，金融資産として会計処理される可能性がある。

| 図表 4 −10 | トークンセールスの主な類型ごとの会計処理（概要） |

トークンセールスの類型	法的位置付けと会計処理の考え方
金融商品取引法等における電子記録移転有価証券表示権利等の発行	・金融商品取引法で定義されているが，私法上の位置付けは必ずしも明確でない。 ・ASBJが会計処理について検討している。
資金決済法上の暗号資産に該当するICOトークンの発行	・資金決済法で定義されているが，私法上の位置付けは必ずしも明確でない。 ・ASBJにおいて，会計上の論点の分析および基準開発の必要性に関する論点整理を公表することが予定されている。
上記以外のトークンセールス	・金融商品取引法や資金決済法の適用対象外とされている。 ・ASBJにおいて検討は行われていない。 ・トークンによって財またはサービスの提供の権利が付与されているかを含め，トークンの性質に応じて，会計処理が検討されるものと考えられる。

6──日本基準（その5）：暗号資産取引業における会計処理実務

　暗号資産取引業者[注]の業界団体である一般社団法人日本暗号資産取引業協会は，その会員が適正な経理処理を行えるようにするため，2020年6月に，「暗号資産取引業における主要な経理処理例示」（以下「経理処理例」という）を公表している。経理処理例では，暗号資産取引業に関連する勘定科目とその内容および経理処理方法について実務の参考とするための経理処理の具体例が示されている。以下では，経理処理例の一部を紹介する。

　（注）暗号資産取引業とは，暗号資産交換業，暗号資産関連デリバティブ取引およびこれら事業に付随して行う暗号資産関連取引に係る事業を総称したものをいう。以下では，当該取引業を行う者を暗号資産取引業者という。

　なお，経理処理例を使用するにあたっては，以下の留意事項が示されている。

- 取引の前提となる私法上の取扱いが現状では明らかではなく実際の経理処理を検討する際には判断が必要であること
- 今後私法上の取扱いが明らかになった際には記載している経理処理例の内容が変更される可能性があること
- 経理処理例は一例にすぎず，他に適切な処理があればそれを選択すること

　もありうること
- 企業会計基準委員会（ASBJ）が現在行っている資金決済法に基づく暗号資産に関する発行および保有の会計処理の検討の結果によっては経理処理例の内容が変更される可能性があることに留意し，実際の経理処理を会員において判断し，会計監査人と協議することが望ましいこと

(1)　勘定科目例
①　貸借対照表に関する科目
　　【自己保有暗号資産】（流動資産）
　　　自己が保有する暗号資産で約定基準により認識したロング・ポジションのもの

　　【利用者暗号資産】（流動資産）
　　　自社で，利用者の暗号資産として自己の暗号資産と区別して管理するもの

　　【利用者からの預り暗号資産】（流動負債）
　　　利用者から預託を受けた預り暗号資産

②　損益計算書に関する科目
　　【暗号資産売買等損益】（営業収益）
　　　当該損益には，以下を含む。
- 自己の計算により売買した暗号資産に関する取引損益
- 自己の計算により契約したデリバティブ取引に関する取引損益
- 貸付暗号資産または借入暗号資産に係る取引損益
- ポジション評価損益

　　【新暗号資産発生益】（営業外収益）
　　　ハードフォーク（取扱い暗号資産に係るブロックチェーンについてプロトコルの後方互換性・前方互換性のない大規模なアップデート）によ

るスプリットにより，新たな暗号資産の発生を認識したことによる自己に帰属する暗号資産の発生益

【暗号資産受贈益】（営業外収益）
　エアードロップ（特定の者が特定の対象者に対し，対象者の保有する暗号資産の残高数量等の一定の基準に従い，暗号資産を配布する行為）により新たに暗号資産を受贈したことによる受贈益

(2)　仕訳例
①　利用者から預託される暗号資産に関する会計処理
（利用者から暗号資産を受領したとき）

| （借）利用者暗号資産 | XXX | （貸）利用者からの預り暗号資産 | XXX |

（利用者からの預り暗号資産を払い出すとき）

| （借）利用者からの預り暗号資産 | XXX | （貸）利用者暗号資産 | XXX |

（期末の処理）
　活発な市場が存在する利用者暗号資産については，実務対応報告第38号に従い，期末において期末日の時価を付し，同額を「利用者からの預り暗号資産」として計上する。

②　自己が保有する暗号資産に関する会計処理
（買い付けた場合）

| （借）自己保有暗号資産 | XXX | （貸）現預金 | XXX |

（売り付けた場合）

| （借）現預金 | XXX | （貸）自己保有暗号資産 | XXX |

（実現損益の計上）
　暗号資産の取引により実現した売買損益については，「暗号資産売買等損

益」に計上する。

（期末の処理）

　活発な市場が存在する自己保有暗号資産については，実務対応報告第38号に従い，期末において期末日の時価を付し，このとき発生する評価損益は「暗号資産売買等損益」に計上する。

7──IFRS基準における取扱い

(1)　IFRS基準におけるデジタル通貨やトークンセールスに関する会計実務の概要

　IFRS基準においては，日本の会計基準と異なり，暗号通貨の会計処理について特段のガイダンスを示していない。ただし，2019年6月のIFRS解釈指針委員会において現行のIFRS基準に基づく暗号通貨の保有者による会計処理を明らかにするアジェンダ決定が公表されている。また，国際会計基準審議会（IASB）は，2018年11月に暗号通貨やICOの会計処理のあり方についてプロジェクトとして取り上げないこととし，暗号通貨の関する動向について注視することとしている[3]。

(2)　暗号通貨の保有者による会計処理

①　IFRS解釈指針によるアジェンダ決定

　IFRS解釈指針委員会は，2019年6月にアジェンダ決定「暗号通貨の保有（Holdings of Cryptocurrencies）」（以下「本アジェンダ決定」という）を公表しており，現行のIFRS基準に基づく保有者による暗号通貨の会計処理の考え方が明らかにされている。

　IFRS解釈指針委員会は，IFRS基準の適用にあたって実務上課題があるとして関係者から提出された論点について，IFRS基準の限定的な修正や解釈指針

---

[3]　2019年11月のIASB審議会に報告されたIASBスタッフによるペーパーでは注視する対象が「暗号通貨」よりも広範な「暗号資産」に拡大されている。

の公表が必要か否かについて判断を行う。IFRS解釈指針委員会は，IFRS基準の限定的な修正や解釈指針の公表が必要ないと判断した場合，その理由について，公開協議を行った上でアジェンダ決定の形で明らかにするが，その過程において，従来必ずしも明らかでなかったIFRS基準に基づく会計処理のあり方が明らかにされることがある[4]。暗号通貨の保有者による会計処理の考え方についても，こうした過程で明らかにされている。

IFRS解釈指針委員会により公表された本アジェンダ決定では，おおむね以下の内容が示されている。

(i) 本アジェンダ決定が対象とする暗号通貨の範囲

本アジェンダ決定が対象とする暗号通貨は，以下のような性質を有することを前提とする。

- 分散台帳に記録され，セキュリティのために暗号化技術を使用するデジタルまたは仮想の通貨であること
- 国の機関等が発行するものではないこと
- 暗号通貨の保有は，保有者と他の者との間の契約を生じさせるものでないこと

(ii) 暗号通貨の性質

本アジェンダ決定では，暗号通貨は，以下の理由から，IAS第21号「外国為替レート変動の影響」における「外国通貨」の性質を有するものでなく，IAS第38号における「無形資産」の性質を有するものと説明されている。

- IAS第38号において，無形資産は「物理的実体のない識別可能（identifiable）な非貨幣性資産」と定義されているほか，資産が分離可能（separable）であるかまたは契約もしくは他の法的権利から生じている場合には識別可能であるとされている。
- IAS第21号では，「貨幣性項目の本質的な特徴は，固定又は決定可能な数（fixed or determinable number）の通貨単位を受け取る権利（又は引き渡

す義務）である」とされている。

- 暗号通貨は，①保有者から分離して個々に売却または移転することが可能であり，また，②固定数または決定可能な数の通貨単位を受け取る権利を保有者に与えていない。

(iii)　暗号通貨について適用すべき会計基準

上記の暗号通貨の性質を踏まえると，暗号通貨が通常の事業の過程において販売を目的として保有されている場合にはIAS第 2 号「棚卸資産」が適用されるが，これに該当しない場合は，IAS第38号が適用されることになる。アジェンダ決定に至る分析では，金融資産に該当すると判断されるかについても検討されたが，以下の理由から，金融資産には該当しないとされている。

- IAS第38号では，IAS第32号「金融商品：表示」に定められる金融資産に該当する場合，同基準を適用しないとされている。

- 暗号通貨は，金融資産のうち，現金に該当すると判断される可能性があるが，IAS第32号 AG 3 項では，通貨（現金）は，交換の媒体（medium of exchange）として利用されるほか，すべての取引が測定され財務諸表に認識される基礎となるほどに財またはサービスの価格付け（pricing）における貨幣的尺度として利用されることが想定されている。

- この点，暗号通貨は，特定の財またはサービスの交換において利用されてはいるものの，広く交換の媒体として利用されておらず，すべての取引が財務諸表に認識・測定される基礎となるほどに財またはサービスの価格付けにおける貨幣的尺度として利用されていない。このため，現時点において，暗号資産は，IAS第32号における「現金」の性質を満たすものではない。

図表 4 ー11は，本アジェンダ決定において説明されている検討を整理したものである。

図表 4 −11	暗号通貨に適用されうる項目（会計基準）の検討

検討された候補	判定	説　明
外国通貨(IAS第21号)	×	・暗号通貨には，固定または決定可能な数（fixed or determinable number）の通貨単位を受け取る権利（または引き渡す義務）がない。
現金（IAS第32号）	×	・暗号通貨は，現時点では，交換の媒体として広く利用されておらず，財またはサービスの価格付けにおける貨幣的尺度としても利用されていない。
棚卸資産(IAS第 2 号)	△	・暗号通貨は，通常の事業の過程において販売を目的として保有されていることがある。 ・暗号資産はブローカー／トレーダーとして保有される場合もある。
無形資産(IAS第38号)	○	・暗号通貨は，一定の前提において，無形資産の定義に合致する。

(ⅳ)　保有する暗号通貨について検討すべき開示

本アジェンダ決定では，暗号通貨については，適用される会計基準で定められる開示要求に従った開示を行うほか，以下の点についても留意する必要があるとされている。

- ・IFRS第13号「公正価値測定」における開示要求に従った開示を行うこと
- ・IAS第 1 号「財務諸表の表示」の122項に基づき，財務諸表に計上されている金額について特に重要な影響を与える経営者の判断に関して追加的な情報を開示すること
- ・IAS第10号「後発事象」の21項に基づき，重要性な開示後発事象を開示すること（例：保有する外国通貨に関する報告期間後における公正価値の変動）

② 本アジェンダ決定を踏まえた会計処理

本アジェンダ決定を踏まえると，暗号通貨の保有者による期末における会計処理は，図表 4 −12のように整理される。

| 図表 4 − 12 | 暗号通貨に適用される会計処理の概要 |

対　象	会計基準	期末処理
棚卸資産（ブローカー／トレーダー）	IAS第2号	・売却費用控除後の公正価値で測定し，帳簿価額との差額を純損益に計上する。
棚卸資産（上記以外）	同上	・低価法により測定し，帳簿価額との差額を純損失として計上する。
無形資産（原価モデルを適用）	IAS第38号	・必要な場合，減損損失を純損失に計上する。 ※ ほとんどの場合，償却は必要ないと考えられる。
無形資産（再評価モデルを適用）	同上	・定期的に公正価値で測定し，帳簿価額を上回る部分はその他の包括利益（OCI）として，下回る部分は純損失として計上する。

③　IFRS基準におけるその他の会計処理

　IFRS解釈指針委員会によるアジェンダ決定では，暗号通貨の保有者による会計上の取扱いが明らかにされているが，検討の対象は，本節①の(ⅰ)に記載されたものに限られている。このため，同アジェンダ決定は，中央銀行が発行するデジタル通貨の会計処理を明らかにするものではない。同様に，トークンの保有者と他者の間に契約を生じさせるセキュリティトークンやユーティリティトークンを対象にするものでもない。

　この点，中央銀行が発行するデジタル通貨の会計処理は，IFRS基準における現金の定義を参照すると，日本基準における分析における記述（本章②参照）と同様，現金として会計処理することになると考えられる。また，トークンの保有者と他者の間に契約を生じさせるセキュリティトークンやユーティリティトークンについては，トークンに付与される権利に着目して分析した上で，会計処理を検討することが考えられる。

(3)　トークンセールスに関する会計処理

　IFRS基準では，トークンセールスの会計処理について明確な定めは存在しない。また，暗号通貨の保有者による会計処理と異なり，IFRS解釈指針委員会から，現行の会計基準における取扱いが現時点では明らかにされていない。

　しかし，2018年7月のIFRS解釈指針委員会の会議に提出されたIASBスタッ

フのペーパーにおいて，ICOの会計処理に関するIASBスタッフの分析が示されている。当該分析は，IASBの公式な見解を示すものではないが，実務上，参考になる可能性がある。このため，以下において，IASBスタッフによる分析の概要を紹介する。

①　会計処理の分析にあたっての前提

IASBスタッフは，会計処理の分析にあたって，主に以下のような前提を示している。

- ICOは，トークンの発行を通じて資金を集める方法であり，対価として，法定通貨または暗号通貨が受領される。
- ICOによる資金調達にあたっては，ホワイトペーパーが発行され，資金調達の目的やトークン保有者の権利等が示される。ICOによる資金調達の実施にあたって，企業からトークン保有者に対する約束が示されることがある。他方で，場合によっては，企業がトークン保有者に対して何らの義務を負わないこともある。
- 場合によって，トークンについて2次市場が存在することがある。

②　IASBスタッフによる会計処理の分析

IASBスタッフによる分析では，ICOには様々な性質を有するものがある旨が示された上で，ICOの会計処理について検討を行う場合，企業がICOを通じてどのような義務を負うかについて，ホワイトペーパーの記述や法令の定め等を踏まえて検討することが重要とされている。

具体的には，例えば，**図表4－13**のような点について検討することが考えられるとされている。

図表4－13	トークンの発行によって企業が負う義務および会計処理の検討（例）

トークンの発行によって企業が負う義務（例）	想定される会計処理	説　明
分配可能な剰余金からトークンの保有者に支払を行う義務	資本として会計処理	・IAS第32号の16項の要件を満たす場合，資本として会計処理を行う。
現金をトークンの保有者に引き渡す義務	金融負債を認識	・IAS第32号の11項に示される金融負債の定義に合致する場合，IFRS第9号「金融商品」に基づき金融負債を認識する。
調達した資金を利用して財またはサービスを購入するプラットフォームを開発する義務	引当金を認識	・IAS第37号「引当金，偶発負債及び偶発資産」に基づき，必要に応じて，引当金を認識する。
財またはサービスを割安または無償でトークンの保有者に提供する義務	顧客への収益を認識	・受領した対価が複数の要素から構成されている場合，受領した対価を構成要素に配分する。 ・IFRS第15号「顧客との契約から生じる収益」の適用対象の部分について，同基準に基づいて収益を認識する。
特段の義務を負わない	例えば，受贈益を認識	・IAS第8号「会計方針，会計上の見積りの変更及び誤謬」の10項から12項に基づき，関連する会計基準の類推適用をした上で，会計処理を行う。

(4)　EFRAGによるリサーチ

EUでは，2020年7月に，EUにおけるIFRS基準における各基準に関する受入審査（エンドースメント）の中核を担う欧州財務報告諮問グループ（EFRAG）が暗号資産および負債の会計処理に関するディスカッション・ペーパー「暗号資産（負債）の会計処理：保有者及び発行者の視点」（Accounting For Crypto-Assets（Liabilities）：Holder and Issuer Perspective）（以下「EFRAG-DP」という）（コメント期限：2021年7月）を公表している。EFRAG-DPは，暗号資産が多様化し，実務において広く利用されるようになっている一方で，会計処理について必ずしも明確でない点があることから，EUにおける議論を喚起するとともに，IASBに対してインプットを提供する等の目的で作成されたものである。こうした目的を踏まえ，EFRAG-DPは，暗号通貨だけでなく，それ以外の暗号資産も対象としているほか，暗号資産の保有者による会計処理だけでなく，

トークンの発行者の会計処理も対象としている。

EFRAGは，EFRAG-DPを公表する前に，スタッフを中心としたリサーチ作業を実施しているが，当該リサーチにおいては，現行の会計基準におけるIASBスタッフの分析には同意する一方で，暗号資産の性質を踏まえると，無形資産として会計処理を行うことには違和感があるという見解が利害関係者から示されていた。具体的には，無形資産または棚卸資産として会計処理を行うのではなく，金融商品として会計処理することがより適切と考えられる状況があるのではないかという見解や，現金の定義について見直しを行う必要があるのではないかという見解が示されていた。また，EFRAGスタッフによるリサーチにおいては，トークンセールスについても，企業が負う義務の性質によって会計処理を検討すべきというIASBスタッフによる分析の方向性には賛同しつつも，トークンセールスの特質を踏まえた会計処理のあり方について，会計基準において明確化すべきではないかという見解が示されていた。

EFRAG-DPでは，上記見解を踏まえ，EUにおける暗号資産に関する各国の対応や主要な関係者の見解がまとめられている。さらに，EFRAG-DPでは，その上で，IASBが講じるべき対応（案）として，以下の3つの選択肢が示されている。

選択肢①：IFRS基準における各基準について，特段の改訂を行わない。

選択肢②：IFRS基準における各基準について，限定的な修正や明確化を行う。

選択肢③：暗号資産（負債）またはデジタル資産（負債）に関する会計基準を開発する。

EFRAGは，2021年2月にも，別途オンラインでのサーベイを実施している。EFRAGは，今後，EFRAG-DPに寄せられたコメントを踏まえ，IASB審議会に対する意見発信等を行っていくことを予定している。EFRAGは，IFRS基準の開発にあたって影響力が強いことで知られており，今後の対応が注目される。

8──米国会計基準における取扱い

(1)　AICPAによる実務ガイダンス

　米国会計基準では，会計基準設定主体であるFASBは暗号資産やICOに関する会計基準やガイダンスを公表していない。しかし，2019年12月に，AICPAが「デジタル資産の会計及び監査上の取扱い（Practice Aid, *Accounting for and auditing of digital assets*）」に関する実務ガイダンス（会計に関する部分）（以下「AICPAガイダンス」という）を公表しており，2020年7月と2021年5月に監査に関する部分を追補している。さらに，2020年10月には暗号資産の公正価値測定における留意事項を追加している。なお，AICPAガイダンスは，現行の会計基準を基礎として実務において参考とする目的でAICPAのデジタル資産グループ─会計サブグループにより開発されたものであり，米国会計基準に基づく会計実務において強制力を有するものではない。

(2)　暗号資産の分類および測定

　AICPAガイダンスは，交換の手段として機能し，以下すべての特徴を有するデジタル資産を「暗号資産」（crypto assets：具体的には，ビットコイン，ビットコインキャッシュ，イーサ等が想定されている）とし，現行の米国会計基準に基づく暗号資産の分類および測定の方法を明らかにしている。

- 国の機関等が発行するものではないこと
- 暗号資産の保有は，保有者と他の者との間の契約を生じさせるものでないこと
- 1933年証券法または1934年証券取引所法における証券と考えられないこと

　AICPAガイダンスでは，暗号資産に企業のキャッシュ・フローに貢献すると期待される期間に関する予見可能な制限が設けられていない限り，暗号資産は耐用年数が確定しない無形資産に該当するとされている。

　暗号資産に適用される会計基準についてのAICPAのデジタル資産グループ─会計サブグループによる検討の過程は，**図表4−14**のように整理される。

図表4-14	暗号資産に適用される項目（会計基準）の検討

検討された候補	判定	説明
現金及び現金同等物	×	・法定通貨でなく，政府によって保証されていない限り，現金及び現金同等物の定義に合致しない。 ・暗号資産には満期日がなく，また，暗号資産の価格は大きく変動する。
金融資産	×	・暗号資産は，現金の定義に合致せず，他の金融資産の定義にも合致しなければ，金融資産には該当しない。
棚卸資産	▲	・暗号資産は，通常の事業の過程において販売を目的として保有されていることがある。 ・しかし，暗号資産は物理的な資産（tangible asset）でないため，棚卸資産の定義に合致しない可能性がある。 ・ただし，ブローカー・ディーラーが自己売買の取引において保有する暗号資産を棚卸資産に含めて考えることは合理的と考えられる。
無形資産	○	・暗号資産は，一定の前提において，無形資産の定義に合致する。 ・企業に耐用年数が示されていない限り，暗号資産は耐用年数の確定しない無形資産に該当する。

(3) 暗号資産に係る減損損失の計上

　米国会計基準では，仮に耐用年数が確定しない無形資産に該当する暗号資産を保有する場合，毎年または事象または状況の変化によって減損している可能性が50％超である（more likely than not）ことが示唆される場合，より高い頻度で減損テストを実施することが要求される（FASB ASC 第18B-C項）。

　このため，AICPAガイダンスでは，仮に同一のデジタル資産が企業の帳簿価額を下回る価格で売買されている場合，減損している可能性が50％超であることを示すものと判断される可能性があるため，こうした情報が存在するかについてモニターをすべきとされている。この結果，期中において，そうした状況の変化が認められる場合，当該時点において減損損失を計上することが必要であり，仮に期末時点において取引価格が帳簿価額を上回っていたとしても，減損損失の戻入れは認められない。

| 図表4－15 | 暗号資産に係る減損損失の計上（設例） |

（前提）
・企業Aは，20X1年1月1日に1百万単位の暗号資産を10ドル／単位で購入した。
・20X1年1月末において，当該資産の市場での取引価格は8ドル／単位に下落した。
・期末（20X1年3月末）において，当該資産の市場での取引価格は12ドル／単位に上昇していた。
（会計処理）
・企業Aは，入手した情報を考慮した結果，当該デジタル資産に減損が生じている可能性が50％超はあると判断し，20X1年1月末で2ドル／単位相当の減損損失を計上した。
・20X1年3月末で，当該デジタル資産の市場での取引価格（12ドル／単位）は帳簿価格（8ドル／単位）を上回っているが，減損損失の戻入れは行わない。

⑷　デジタル資産をカストディー業者に預けていた場合の会計処理

　企業がデジタル資産をカストディー業者に預けている場合，企業やカストディー業者が当該デジタル資産を財務諸表に認識すべきかが実務上，論点となる。

　この点，AICPAガイダンスでは，デジタル資産を企業またはカストディー業者の財務諸表に認識すべきか否かは，当該デジタル資産に対して支配を有しているかによって異なるとされている。また，企業とカストディー業者のいずれがデジタル資産に対する支配を有しているか否かは，企業とカストディー業者との契約上の取決めおよび関連する法令に係る個別の事実および状況によって判断される旨が示されている。さらに，当該判断にあたっては，FASBのConcepts Statement No.6「財務諸表の構成要素」で示されている資産の特性に関する分析が有用であるとされている。

第 5 章

暗号資産・トークンセールスに
関する税務

　税務上，暗号資産を用いた取引から生じる所得に関する取扱いが初めて示されたのは，2016年から2017年にかけて暗号資産の代表格であるビットコインの価格が高騰していた時期に国税庁のホームページ上で公開されたタックスアンサー「ビットコインを使用することにより利益が生じた場合の課税関係」により，所得税法上の所得区分が雑所得であることが示されたときである。その後，2019年度税制改正にて法人税法および所得税法の改正が行われ，暗号資産取引に係る取扱いが法令として明文化された。ここでは，暗号資産そのものおよび暗号資産を用いたトークンセールス（いわゆるICO）に係る税務上の取扱いを説明する。

1 ── 暗号資産に関する所得税法上の取扱い

(1) 雑所得としての課税

　前述のとおり，2017年9月に国税庁のタックスアンサーにて，ビットコインを使用することにより生じた利益は所得税の課税対象となり，原則として雑所得に区分されることが示された（国税庁ホームページ／タックスアンサー／No.1524 ビットコインを使用することにより利益が生じた場合の課税関係）。

　雑所得に該当する場合，暗号資産の使用により生じた利益は不動産所得や事業所得等の他の所得と合算し，累進税率により最高45％（復興特別所得税および住民税も考慮すると最高約56％）の税率により課税される。例えば，給与所得を有する個人が，暗号資産の使用による利益を得た場合，給与所得と暗号資産の利益を合算した所得金額の多寡に応じた税負担が生じる（図表5－1参照）。

　年末調整により所得税額が確定し納税も完了する給与所得者であっても，その雑所得の金額が20万円を超える場合には確定申告が必要となる。一方で，暗号資産の使用により損失が生じた場合，雑所得は事業所得や不動産所得とは異なり，他の区分の所得金額と相殺（以下「損益通算」という）することができず，さらに，損失を繰り越して翌年以後の所得金額から控除することも認められていない。したがって，暗号資産取引から生じた損失は，同一年内に他の雑所得の金額がない限りにおいては，その損失は所得税法上考慮されることなく課税関係が終了する。

　なお，上記にて「原則」雑所得になると述べたが，これは上記国税庁のタックスアンサーにて，「事業所得等の各種所得の基因となる行為に付随して生じる場合を除き」という前書きがある。すなわち，暗号資産取引を事業として行っているような個人については，雑所得ではなく事業所得として区分した上で確定申告することとなる。

　暗号資産取引から生ずる所得が，雑所得と事業所得のいずれの所得区分に該当するのかを判断するにあたっては，法令上明確な判断基準が置かれているわけではなく，実務上も論点となりやすい。過去の判例等を踏まえると一般的に「営利性，有償性の有無」，「継続性・反復性の有無」，「自己の危険と計算における企画遂行性の有無」等を総合的に検討して判断することとされている。典型例としては，デイトレーダーのように暗号資産取引を主たる事業として，自己資金で営利を目的として継続的に行い，暗号資産取引から得られる利益で生計を立てているような場合は事業所得に該当するといえる。

　事業所得に該当する場合，その年において発生した損失は他の総合課税の対象となる所得から控除することができ，それでも控除しきれなかった金額は翌年以降3年間にわたり繰越控除が認められている等，雑所得にはなく事業所得では適用可能な優遇規定が複数存在する。このため，雑所得か事業所得の区分は重要になるが，上述のとおり法令上明確な基準がなく，個人ごとに事情が異なるため，暗号資産取引に係る最終的な税務判断にあたっては税務専門家等に

図表 5 − 1　総合課税制度に係る課税イメージ

	課税所得金額	所得税率
	4,000万円超	45%
	1,800〜4,000万円	40%
雑所得	900〜1,800万円	33%
ビットコイン損益	695〜900万円	23%
	330〜695万円	20%
給与所得等	195〜330万円	10%
	195万円以下	5%

相談の上個人ごとの実態に即した判断をすることが望ましい。

(2) 基本的な課税場面

　資金決済法における暗号資産の定義では，物品を購入する取引で支払手段として用いられるだけではなく，それ自体を売却および購入することができる財産的価値であることが規定されている。このため，2017年12月1日に国税庁個人課税課より公表された「仮想通貨に関する所得の計算方法等について（情報）」の中で，所得税法においてもそのような取引を暗号資産の「使用」の範囲と捉えて所得を認識する必要があることが示されている。また，上記文書の中で，暗号資産を「使用」する様々な場面における具体的な所得計算方法が解説されているため，以下にてその内容の一部を紹介する。

① 暗号資産を支払手段として使用する場合

　例えば，Day 1 に2,000,000円で4ビットコインを取得し，Day 2 で155,000円の商品購入に0.3ビットコインを支払った場合，保有するビットコインの使用時点での商品価値と当該ビットコインの取得価額との差額である5,000円が所得金額となる。

155,000円 −（200万円 ÷ 4 ビットコイン）× 0.3ビットコイン ＝ 5,000円

商品価額 − 1 ビットコイン当たり取得価額 × 支払ビットコイン ＝ 所得金額

　これは，個人が外貨建取引を行った際に実現する為替差損益が雑所得に区分される処理と類似している。つまり，雑所得に区分される結果として，為替差益が発生する場合は他の所得と合算して総合課税される一方で，為替差損は同一年に発生した別の雑所得があれば相殺できるが，そうでない場合はその損失は他の所得と相殺されず，また翌年以降に繰り越されることなく課税関係が終了する。

② 暗号資産自体を売却または交換する場合

　上記①は暗号資産を商品購入や役務提供の対価の支払手段として使用する場合だが，暗号資産自体を売却または交換する場合も課税対象となる。売却また

は交換を行った場合は，売却による総収入金額から必要経費を控除することにより所得金額を算出する。総収入金額は，対価が法定通貨であればその金額が総収入金額となり，対価が別の種類の暗号資産であれば交換によって取得する当該別の種類の暗号資産の交換時の 1 単位当たりの時価と購入単位数を乗じて総収入金額を算出することになる。

　必要経費の対象となる金額は，売却または交換された暗号資産の譲渡原価および売却の際に支払った手数料のような直接費用の他，インターネットやスマートフォン等の回線利用料，パソコン等の購入費用等の間接費用についても，暗号資産の売却のために必要な支出であると認められる部分の金額に限り，必要経費に算入することができる。

（i）直接経費となる暗号資産の譲渡原価

　総平均法または移動平均法により算定することとされており，実務上は暗号資産交換業者から送付される「年間取引報告書」に記載されている情報を基に，国税庁ホームページで公表されている「暗号資産計算書」を作成することで簡便に計算を行うことができる（ただし，「年間取引報告書」は国税庁から暗号資産交換業者への要請により2018年 1 月 1 日以後の暗号資産取引を対象に交付されているものであり，2017年分以前の暗号資産交換取引についての年間取引報告書は発行されていないことが多い。このため，2017年分以前の暗号資産取引については，その売却または購入時の履歴を銀行口座の入出金状況により確認して譲渡原価を算出する方法や，売却価額の 5 ％相当額を譲渡原価とする方法等により算定することが求められる）。

　総平均法および移動平均法は，期末に保有する暗号資産の 1 単位当たりの取得価額の算出方法を規定したものであり，結果的にこの 1 単位当たりの取得価額を基礎として譲渡原価が算定される。ここでは，それぞれの方法について計算の具体例とあわせて解説する。

| ・総平均法 | 同じ種類の暗号資産について，年初時点で保有する暗号資産の評価額とその年中に取得した暗号資産の取得価額の総額を，これらの暗号資産の総量で除して 1 単位当たりの取 |

	得価額を計算する方法。
• 移動平均法	同じ種類の暗号資産について，暗号資産を取得する都度，その取得時点において保有している暗号資産の取得価額の総額を，その時点で保有している暗号資産の数量で除して計算した価額を「取得時点の平均単価」とし，以後同様の方法で「取得時点の平均単価」が改定されたものとみなし，その年の12月31日から最も近い日において算出された「取得時点の平均単価」を期末に保有する暗号資産の1単位当たりの取得価額とする方法。

上記の総平均法および移動平均法における暗号資産の取得価額とは，取得の方法によりそれぞれ次のとおりとされている。ただし，購入手数料など暗号資産購入のために要した費用がある場合には，その費用の額を含む金額となる。

• 対価を支払って取得（購入）した場合	購入時に支払った対価の額
• 贈与または遺贈によって取得した場合（以下の死因贈与，相続または包括（特定）遺贈によるものを除く）	贈与または遺贈の時の価額（時価）
• 死因贈与，相続または包括（特定）遺贈により取得した場合	被相続人の死亡の時に，その被相続人が暗号資産について選択していた評価方法により評価
• 上記以外の場合（例えば，暗号資産同士の交換^{（※）}，マイニング，分裂（分岐）などにより暗号資産を取得した場合をいう）	その取得時点の価額（分裂（分岐）により取得した場合は取引相場が存在していないという前提のもと，価値を有していないと考えられるためゼロ）

（※）交換には，保有している暗号資産がいずれの暗号資産交換業者においても本邦通貨または外国通貨（以下「本邦通貨等」という）と直接交換することができないケースや，保有している暗号資

産と種類の異なる暗号資産とが直接交換することができないケースにおいて，本邦通貨等や種類の異なる暗号資産と直接交換可能な他の暗号資産を介在して取引を行うため，一時的に当該他の暗号資産を取得することがある。このような交換は総平均法および移動平均法の「取得」の範囲から除くこととされており，別途，個別法により算出する必要がある（所得税法施行令119の2②，所得税基本通達48の2-1）。

図表5-2	総平均法および移動平均法に基づく1単位当たりの取得価額の具体例

	購入/売却	数量（購入+売却-）	累計数量（A）	累計数量（購入+売却-）	累計総額（B）	移動平均法（B）÷（A）	総平均法
年初時点	－	1	1	100	100	100	100
2月1日	購入	+1	2	+150	250	125	
4月1日	購入	+2	4	+350	600	150	1年間の購入数量
6月1日	売却	-1	3	-150	450	150	と総額が確定する
8月1日	購入	+3	6	+150	600	100	まで算出不可
10月1日	売却	-5	1	-500	100	100	
12月1日	購入	+3	4	④ +600	700	175	①

1年間の購入総量および総額　+9 ③　　　+1,250 ②　　　年初の総額　100

取得価額の総額1,250 ②
1,350 ⑤

年初の保有数量　1
購入数量の総量　+9 ③
10 ⑥

	移動平均法	総平均法
年末に保有する仮想通貨の1単位当たりの取得価額	175 ①	135 ⑤÷⑥
譲渡原価（⑤-上記1単位当たりの取得価額×④）	650	810

　いずれの評価方法を選定すべきかについては，暗号資産を取得した日の属する年分の所得税の確定申告期限までに，納税地の所轄税務署長に「所得税の暗号資産の評価方法の届出書」を提出する必要がある（届出書を提出しない場合は，総平均法を選択したものとみなされる）。この届出書は暗号資産の種類の異なるごとに選定できるため，例えばX1年にビットコインを取得した場合は，X1年の確定申告期限までにビットコインに係る評価方法の届出書を提出することができ，さらにX2年にイーサリアムを取得した場合は，X2年の確定申告期限までにイーサリアムに係る評価方法の届出書を提出することができる。ただし，一度評価方法を選定すると原則としてその評価方法は継続して適用す

る必要があるため，例えば上記のケースでX3年にビットコインを追加取得し
たとしても，その追加取得したビットコインについては新たな評価方法は選択
できず，X1年に選択した評価方法が適用されることとなる。

　なお，一度選択した評価方法は「原則として」継続適用する必要があり，一
旦採用した評価方法を適用してから3年を経過していないときは，評価方法の
変更申請は特別な理由がある場合を除き却下されることとされており，また，
3年を経過した後であっても合理的な理由がなければその変更を承認しないこ
とができるとされている。逆にいえば，採用した評価方法を3年経過後に合理
的な理由をもって変更することは認められていると考えられている。

(ii)　間接費用となるパソコンの購入費用等に係る必要経費

次の事項に留意することとされている。

- パソコンなど，使用可能期間が1年以上で，かつ，一定金額を超える資産
  については，その年に一括して必要経費に計上するのではなく，使用可能
  期間の全期間にわたり分割して必要経費（こうした費用を「減価償却費」
  という）とする必要がある。
- 個人の支出には，1つの支出が家事上と業務上の両方に関わりがある費用
  （こうした費用を「家事関連費」という）が存在する。このような家事関
  連費については，取引の記録に基づいて，業務の遂行上直接必要であった
  ことが明らかに区分できる場合に限り，その区分した金額を必要経費に算
  入することができる。

③　証拠金取引の場合

　雑所得は原則として総合課税の対象とされ，累進税率により最高45％（復興
特別所得税および住民税も考慮すると最高約56％）の税率により課税されるが，
一定の先物取引の差金等決済をした場合には，他の所得と区分して所得税15％
（復興特別所得税および住民税も考慮すると20.315％）の税率による申告分離
課税の対象となる。

　しかしながら，この申告分離課税の対象となる先物取引の差金等決済は，商
品先物取引等の差金等決済，金融商品先物取引等の差金等決済，カバードワラ

ントの差金等決済に該当する取引をいうものとされているのに対し，暗号資産は資金決済法に定めるところの暗号資産とだけ定義されており上記の先物取引の差金等決済には現状該当しない。したがって，暗号資産の証拠金取引は総合課税の対象となる。

(3)　国外転出時課税制度の適用

　国外転出時課税制度とは，一定の居住者が国外転出（国内に住所および居所を有しないこととなること）をする時点で，その価額が1億円以上の有価証券等，未決済信用取引等または未決済デリバティブ取引を所有等している場合には，当該国外転出の時に，対象資産の譲渡または決済があったものとみなして，対象資産の含み益に対して所得税が課税される制度である。

　現行法令上，国外転出時課税の対象となる有価証券等は，所得税法に規定する有価証券（金融商品取引法2条1項に規定する有価証券その他これに準ずるもので所得税法施行令で定めるもの（所得税法2十七・所令4））および匿名組合契約に基づく出資持分（所得税法84条1項に規定する特定譲渡制限付株式等を除く）と定義されているため，暗号資産自体は国外転出時課税制度の対象に含まれていないと考えられる。

(4)　期末時価評価損益

　所得税法上は，暗号資産に係る期末時価評価の規定はないため，年末時点で保有する暗号資産に係る評価損益の認識は不要となる。ただし，後述のとおり，法人税法上は，保有する暗号資産が活発な市場を有する場合には期末時価評価が求められる。

②──暗号資産に関する法人税法上の取扱い

　2017年度税制改正により，法人税法上の取扱いが明確となった。これまでは国税庁のタックスアンサー等で所得税法上の取扱いにのみが公表されていたが，2017年度税制改正にて法人が暗号資産を保有および取引している場合の取扱いとして，「期末時価評価損益」，「譲渡損益」，「信用取引」の課税関係に係る法

整備が行われた。法人税法上の取扱いについては，暗号資産固有の取扱いが明記されたというよりも，既存の資産についてすでに適用されている法人税法上の取扱いと平仄を合わせるような形で，その取扱いが明文化されたような内容となっている。

(1) 期末時価評価損益

　暗号資産の期末評価に関しては，法人税法上の短期売買商品等として位置付けられ，法人が事業年度末に有する暗号資産のうち，「活発な市場」が存在する暗号資産については，時価評価により評価損益を計上することとされた。なお，評価損益として認識された金額は，洗替処理により，翌事業年度において益金の額または損金の額に算入される。

　なお，「活発な市場」の定義は次に掲げる要件のすべてに該当するものとされている。

①　継続的に売買の価格（他の暗号資産との交換の比率を含む。以下，「売買価格等」という）の公表がされ，かつ，その公表がされる売買価格等がその暗号資産の売買の価格または交換の比率の決定に重要な影響を与えているものであること。

②　継続的に上記の売買価格等の公表がされるために十分な数量および頻度で取引が行われていること。

③　次に掲げる要件のいずれかに該当すること。

- 上記①の売買価格等の公表が当該内国法人以外の者によりされていること。

- 上記②の取引が主として当該内国法人により自己の計算において行われた取引でないこと。

　これは，企業会計基準委員会より公表されている実務対応報告第38号「資金決済法における仮想通貨の会計処理等に関する当面の取扱い」で時価評価の対象となる暗号資産の範囲として用いられている「活発な市場」と類似した表現となっている。具体的には，「活発な市場」のことを「暗号資産交換業者又は暗号資産利用者の保有する暗号資産について，継続的に価格情報が提供される程度に暗号資産取引所又は暗号資産販売所において十分な数量及び頻度で取引

が行われている場合をいうものとする」と示しており，基本的には会計上の取扱いとして「活発な市場」があるとされる暗号資産に関しては，法人税法上も同様の判断になると考えられる。

　なお，期末時価評価による評価損益の計上の対象となる暗号資産は，自己の計算において保有する暗号資産に限定されているため，暗号資産交換業者が顧客から預かった暗号資産については評価損益の計上の対象とならない。

　また，活発な市場が存在しない暗号資産については，原価法により評価した金額をもって評価するため，仮にそのような暗号資産が会計上で時価評価され評価益または評価損が計上されたとしても，法人税法上は益金の額または損金の額に算入されない。

(2)　譲渡損益

　法人が暗号資産を譲渡した場合の譲渡損益については，その譲渡に係る契約をした日の属する事業年度に計上することとなる。また，その譲渡に係る譲渡原価の額を計算する場合における 1 単位当たりの帳簿価額の算出方法は，所得税法上の取扱いと同様に，納税者が届出書を提出して移動平均法または総平均法による原価法を選択することができることとなっている。なお，1 単位当たりの帳簿価額の算出方法を選択しなかった場合には，所得税法上は総平均法を選択したものとみなされるのに対して，法人税法上は移動平均法を選択したものとみなされることになるため留意が必要である。

　譲渡契約日の属する事業年度において譲渡損益を認識するという取扱いは，有価証券の譲渡損益の認識時期と同じであり，法的な所有権が移転するタイミングをもって課税を行うという従来の考えに沿っている。また，移動平均法を原則としつつも総平均法の適用を認めていることも，有価証券の 1 単位当たりの帳簿価額の算出方法の取扱いに沿った規定となっている。

(3)　信用取引等に係るみなし決済損益

　事業年度末に有する未決済の暗号資産の信用取引等については，事業年度末に決済したものとみなして計算した損益相当額を計上することとなる。これは事業年度末に未決済である株式等に係る信用取引の取扱いと平仄を合わせた処

理となっている。

(4)　適用開始時期

上記(1)〜(3)の改正点は，2019年4月1日以後に終了する事業年度から適用されるが，経過措置として，2019年4月1日前に開始し同日以後に終了する事業年度については，会計上暗号資産につき時価評価していない場合に限り，上記(1)および(3)の取扱いを適用しないことができる。

(5)　タックスヘイブン対策税制

軽課税国に子会社を設立し，その海外子会社がICOと呼ばれる資金調達を実施することにより，調達した暗号資産の価額が収益として認識される場合や，暗号資産を保有することにより収益が生じる場合には，本邦タックスヘイブン対策税制の適用対象となる可能性が考えられる。詳細については，以下 5 「暗号資産による資金調達時の税務上の取扱い（日本国内）」で述べることとしたい。

3 ── 納税環境整備

(1)　「年間取引報告書」を活用した所得計算

国税庁が公表している情報によれば2017年分の所得に係る確定申告者のうち，公的年金等以外の雑所得に係る収入金額が1億円以上あり，かつ暗号資産取引による収入があると判別できた人数は331人であった。また，財務省の「経済社会のICT化等に伴う納税環境整備のあり方について（意見の整理）」によると，主な所得が雑所得である人の所得金額と申告納税額は，前年（2016年）よりも大幅に増加している（**図表5−3**参照）。

こうした納税者に対して，より適正な納税義務の履行を後押しする環境整備を図るため，2018年11月21日に，暗号資産に関するFAQとあわせて，暗号資産交換業者から交付される「年間取引報告書」を活用した簡便的な所得計算ができる仕組みが公表された。同時に，国税庁ホームページにて仮想通貨の計算ができるExcelフォーマットが開示されるに至った。

図表 5 － 3	暗号資産取引による所得の申告状況

■ 公的年金等以外の雑所得に係る収入金額が 1 億円以上の人数

平成28年分	平成29年分	仮想通貨取引による収入がある と判別できた方
238人	549人	331人

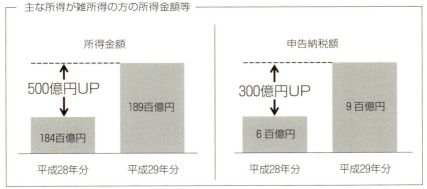

（出所：財務省「参考資料　経済社会のICT化等に伴う納税環境整備のあり方について（意見の整理）」）

　従来は，納税者が各暗号資産交換業者から必要な情報を集めて，収入金額と必要経費を計算して確定申告書を作成する必要があった。例えば，年間の取引件数が100件であれば，その100件すべてを集計して，確定申告書類を作成しなければならなかった。それが今後は，すべての暗号資産交換業者から記載内容が統一された「年間取引報告書」が提供され，年間の取引情報がすでに集計されている情報を入手することができる。

　「年間取引報告書」には，暗号資産の種類ごとに期中購入数量および金額，期中売却数量および金額，暗号資産の証拠金取引，支払手数料の情報等が記載されている。そのため納税者は，その記載内容を国税庁ホームページで提供されている暗号資産の計算書（Excel Form）に入力するだけで，申告書作成に必要な収入金額と必要経費の金額を得ることができる。

(2) KPMG「CRYPTONITE」

KPMGでも日本，中国，豪州の３か国でブロックチェーンインフラの構築を試みるプロジェクトに取り組んでいる。その１つとして豪州では暗号資産の分野においては，KPMG 豪州で「CRYPTONITE」という暗号資産の税金計算アプリをリリースしている。

具体的には，ユーザーが暗号資産取引を行っている暗号資産交換業者のシステムにログインして税金計算を要求すると，その暗号資産交換業者からCRYPTONITEにユーザーの取引情報が提供され，豪州の税法に則して計算された結果をユーザーに提供するというものである。

4──暗号資産に関する消費税法上の取扱い

消費税は国内において事業者が事業として対価を得て行う取引について課税されるが，消費に負担を求める税としての性格から課税の対象としてなじまないものや，社会政策的見地から非課税取引として一定の取引には消費税を課さないという配慮がされている。この点，暗号資産を売却した場合の消費税法上の取扱いについて，2017年６月30日以前は，上記の非課税取引のいずれにも該当しないことから課税取引として消費税が課されていたが，資金決済法により暗号資産が支払手段として法的に位置付けられたことに伴う税制改正により2017年７月１日以後に行う暗号資産の売却については，消費税が非課税とされた。また，支払った消費税の仕入税額控除額を算定する際に使われる「課税売上割合」の算定上，分母および分子のいずれにも含めないという整理がされた。

なお，暗号資産交換業者に対して暗号資産の売買に係る仲介手数料として支払う手数料は，仲介に係る役務の提供の対価として支払うものであるため，消費税の課税対象となる。ただし，暗号資産の売買を目的とした購入に係る手数料は，いわゆる非課税売上のみに対応する課税仕入れに該当するため，消費税の申告において個別対応方式を採用する場合は仕入税額控除の対象とはならない。

5 —— 暗号資産による資金調達時の税務上の取扱い（日本国内）

(1)　ICOに関する発行体の法人税法上の取扱い

IPO（Initial Public Offering）という用語になぞらえて，ICO（Initial Coin Offering）という暗号資産を用いた資金調達手段があるが，前述の実務対応報告第38号にはICOに係る会計処理は検討範囲に含まれておらず，会計および税務のいずれにおいてもその取扱いが明文化されていない。ただし，実務上ICOは行われており，そのような場合に税務上どのように取り扱うべきか検討する必要がある。

法人税法上，基本的には一般に公正妥当と認められる会計処理の基準に従って計算される必要があるが，既存の法人税法の枠組みの中でのみその取扱いを考えた場合，大きく分けて，以下の3つの税務処理が想定されると考えられる。

①　資本取引（発行時：資産と資本金が増加）

法人税法における資本等取引とは「法人の資本金等の増加又は減少を生ずる取引並びに法人が行う利益又は剰余金の分配（中略）及び残余財産の分配又は引渡しをいう」（法人税法22⑤）とされている。ここで，資本金等とは，法人の株主から出資を受けた資本金，資本剰余金，並びに企業組織再編が行われた場合に増加または減少する資本金および資本剰余金などが該当する旨が定められている。

実際に行われているICOによるトークンの発行および暗号資産の取得は，取得した法人の資本金や資本剰余金の増加を伴う性質のものではなく，通常は資本取引には該当しないと考えられる。ただし，暗号資産の調達見合いで投資家に発行する「トークン」を保有することで発行会社から収益の分配を受ける権利を有することとなる場合等，今後の法整備により，法的に発行会社に対する出資持分として取り扱われる場合には，資本取引として取り扱われる可能性もあると考えられる。

②　負債取引（発行時：資産と負債が増加）

資金決済法に定める前払式支払手段に該当する場合には，負債取引として整理することも考えられる。例えば，暗号資産を払い込むことで，発行会社のサービスが受けられるプリペイド型のICOで，払い込まれた暗号資産の返済時期や金額，実質的に弁済義務が生じる旨が定められていると解釈される場合には，負債取引として整理する余地があると考えられる。

③　収益取引（発行時：資産と収益が計上）

現行法人税法上は，暗号資産に関する「別段の定め」が設けられていないことから，一般に公正妥当と認められる会計処理の基準に従って計算されるものと考えられ，ICOが上記のいずれにも該当せず会計上の収益として取り扱われる場合には，税務上も益金計上すべきと考える。この場合，ICOにより資金調達を行ったとしても，法人税等の納税資金は留保しておく必要があるため，結果として資金調達した金額の約70％（資本金1億円超の法人の場合）のみが実質的にICO対象事業に充当できる金額となる。

実務上は上記③と判断されるリスクや日本国内での法的制約の観点から，国内でのICOが見送られ，海外で法人を設立しICOを実行するケースが見受けられる。国によっては，ICOから生ずる収入は，ICO実施時のタイミングでは収益として認識されず，実際にICO実施企業による役務提供が行われた時点で初めて課税されるという整理をしている国もあると仄聞している。ただ，安易にそのような国でICOを目的とした法人を設立した場合に，その国がタックスヘイブン国（所得に対する税の負担が著しく低い国）であると，本邦のタックスヘイブン対策税制により，合算課税の対象となる可能性があるため，外国法人を用いたICOのストラクチャリングにあたっては，税務専門家も交えた慎重な判断が求められる。

タックスヘイブン対策税制とは，日本の所得税法上の居住者や内国法人等が軽課税国に所在する外国関係会社（基本的には当該居住者および内国法人等の外国法人に対する持分割合等の合計が50％を超える会社をいう）を通じて国際取引を行う場合，この外国関係会社を介することにより税負担を不当に軽減・

回避し，結果として日本での課税を免れるような租税回避行為に対処するため，一定の要件に該当する「外国関係会社」のすべての所得または特定の所得に相当する金額を内国法人等の所得とみなし，これを合算して課税する仕組みをいう。なお，合算課税の対象となる「外国関係会社」とは次のものをいう。

• 特定外国関係会社	ペーパーカンパニー，ブラックリストカンパニー，キャッシュボックスをいう。
• 対象外国関係会社	4つの経済活動基準（事業基準，実体基準，管理支配基準，非関連者基準（or所在地国　基準））のいずれかを満たさない外国関係会社をいう。
• 外国金融子会社等	本店所在地国の法令に準拠して銀行業，金融商品取引業または保険業を行う部分対象外国関係会社等をいう。
• 部分対象外国関係会社	4つの経済活動基準（事業基準，実体基準，管理支配基準，非関連者基準（or所在地　国基準））のすべてを満たす外国関係会社をいう。

　例えば，上記の特定外国関係会社に該当するキャッシュボックスとは，**図表5－4**のように定義されており，具体的には貸借対照表上の総資産に占める受動的所得等の占める割合が30％超である場合および総資産に占める受動的所得の基因となる資産の占める割合が50％超の場合にキャッシュボックスに該当するものとされている。したがって，ICOによって調達した暗号資産および暗号資産から生じる収益が上記計算式の分子に含まれるか否かの検討が必要となる。

　キャッシュボックスの判定基準および受動的所得の範囲

キャッシュボックス

■定義

定義：次のいずれにも該当する外国関係会社をいう	
(i)	$\dfrac{\text{下記に列挙する(1)から⑽の受動的所得に相当する金額の合計額}}{\text{総資産の帳簿価額}}$ >30%
(ii)	$\dfrac{\text{有価証券，貸付金，貸付け用の有形固定資産および無形資産等の帳簿価額の合計額}}{\text{総資産の帳簿価額}}$ >50%

■受動的所得

(1)　配当	(7)　左記(1)から(6)までに掲げる所得を生じさせる資産の運用，保有，譲渡，貸付けその他の行為から生ずるこれらの所得に類する所得
(2)　利子	
(3)　有価証券の貸付けによる対価	
(4)　有価証券の譲渡損益	(8)　有形固定資産の貸付けによる対価
(5)　デリバティブ取引に係る損益	(9)　無形資産等の使用
(6)　外国為替差損益	⑽　無形資産等の譲渡損益

　暗号資産は，それ自体は有価証券，デリバティブ取引，無形資産等のいずれにも該当しないと考えられるため，(ii)の判定上の分子には含まれないと考えられるが，仮に暗号資産建の貸付を行っている場合には貸付金として(ii)の判定上の分子に含まれる可能性がある。また，(i)の判定にあたっては，**図表 5 － 4** の(7)において「左記(1)から(6)までに掲げる所得を生じさせる資産の運用，保有，譲渡，貸付けその他の行為から生ずるこれらの所得に類する所得」が受動的所得の対象とされており，具体的にどのような所得がこの(7)に該当するのかについて解釈の幅があると考えられるものの，いわゆる投資資産が含まれる可能性があるため，暗号資産の保有等から生ずる所得が該当し，受動的所得と解釈される可能性がある。

　上記のとおり，暗号資産をどのような形で事業の用に供するかに応じて(i)にも(ii)にも該当しうるため，キャッシュボックスとしてタックスヘイブン対策税制の対象となる可能性がないか，慎重な判断が求められることとなる。

　また，キャッシュボックスに該当しなかったとしても，ICOによる資金調達が海外の税法上「収益」として取り扱われる場合において，ICOを目的として設立された法人が単なる調達資金の受け皿であり，当該法人自体が海外において登記上の住所を保有しているだけでオフィスの賃借等を行っておらず，かつ

役員や従業員も存在しない場合には，ペーパーカンパニーや経済活動基準を満たさない外国関係会社として，これもまたタックスヘイブン対策税制の対象となる可能性が生じる。

(2)　STOに関する所得税法および法人税法上の取扱い

上記ICOに代わる資金調達手段として，証券として規制当局の認可を受けた暗号資産の発行形態であるSTO（Security Token Offering）がある。

これは，株式，債券，不動産等を裏付け資産として資金調達を行い，その対価としてセキュリティトークンを発行する行為で，2019年の金融商品取引法の改正により，そのようなセキュリティトークンの一部が「電子記録移転権利」と定義付けられた。具体的には，金融商品取引法2条2項各号に掲げる権利のうち，電子情報処理組織を用いて移転することができる財産的価値（電子機器その他の物に電子的方法により記録されるものに限る）に表示される場合（流通性その他の事情を勘案して内閣府令で定める場合を除く）における当該権利を「電子記録移転権利」と定義している。金融商品取引法2条2項各号では，「信託の受益権」「合名会社若しくは合資会社の社員権または合同会社の社員権」「民法上の組合契約や匿名組合契約に基づく権利」等の権利が掲げられているため，これらの権利が電子的方法により記録された財産的価値として表示される場合は電子記録移転権利に該当する。

金融商品取引法では「電子記録移転権利」が第一項有価証券として定義されているが，所得税法および法人税法では別途有価証券の範囲を定義しているため，その内容を確認することで電子記録移転権利の税法上の位置付けを確認する。

まず，所得税法では，有価証券を「金融商品取引法第2条第1項に規定する有価証券その他これに準ずるもので政令で定めるものをいう。」と定義しており，政令で定めるものは次のものをいうとされている。

①　金融商品取引法2条1項1号から15号まで（定義）に掲げる有価証券および同項17号に掲げる有価証券（同項16号に掲げる有価証券の性質を有するものを除く）に表示されるべき権利（これらの有価証券が発行されていないものに限る）。

② 合名会社，合資会社または合同会社の社員の持分，法人税法（昭和40年法律第34号）2条7号（定義）に規定する協同組合等の組合員または会員の持分その他法人の出資者の持分。

③ 株主または投資主（「投資信託及び投資法人に関する法律」2条16項（定義）に規定する投資主をいう）となる権利，優先出資者（「協同組織金融機関の優先出資に関する法律」（平成5年法律第44号）13条1項（優先出資者となる時期等）の優先出資者をいう）となる権利，特定社員（「資産の流動化に関する法律」（平成10年法律第105号）25項（定義）に規定する特定社員をいう）または優先出資社員（同法26条（社員）に規定する優先出資社員をいう）となる権利その他法人の出資者となる権利。

上記のとおり，所得税法上の有価証券の定義の中で，今回，金融商品取引法に新たに定義された「電子記録移転権利」はどこにも反映されていない。つまり，電子記録移転権利自体ではなく，その電子的に移転可能となった権利自体の内容をみて，有価証券に該当するか否かを判断する必要がある。例えば，それが合名会社，合資会社または合同会社の社員の持分であれば所得税法上も有価証券として取り扱われるが，一方で民法上の組合契約もしくは匿名組合契約に基づく権利であれば所得税法上の有価証券としては取り扱われない。

ちなみに，民法上の組合契約に基づく権利は，組合員がその分配割合に応じて組合事業に係る利益または損失の額を組合員の利益または損失としていわゆるパススルーにより総額法，中間法，純額法のいずれかの方法により発生主義で損益を認識し，匿名組合契約に基づく権利であれば出資者がその契約内容に応じて匿名組合損益を純額により認識することとなる。

したがって，仮に民法上の組合（税務上の損益の認識は発生主義）の出資持分がSTO化された場合に，当該セキュリティトークン（ST）を「電子記録移転権利」というだけで有価証券として取り扱い，当該STからの現金分配を受けるタイミングでのみ所得を認識してしまった場合には，税務上は適切な期間損益が認識されていないため，税務調査時において修正申告の対象となり得てしまう。また，個人の場合は，有価証券として認識するか組合損益として認識するかどうかにより所得区分および課税方法も異なるため，所得税法上の「電

図表5－5　電子記録移転権利の範囲と税法上の有価証券の範囲の比較

■ 電子記録移転権利の税法上の取扱い

電子記録移転権利	税務上の有価証券 （代表的なもの）
トークン化された合同会社等の持分	トークン化された合同会社等の持分
トークン化された 匿名組合の持分	トークン化された 匿名組合の持分
トークン化された 任意組合の持分	トークン化された 任意組合の持分
トークン化された 信託受益権（投信以外）	トークン化された 信託受益権（投信以外）

■ 有価証券とされない事業体の税法上の取扱い

- 匿名組合員：匿名組合の事業年度末に匿名組合損益を純額にて取込み
- 任意組合員：任意組合の事業年度末に，総額法，中間法または純額法のいずれかにて取込み
- 受益者等課税信託の受益者：受益者の事業年度ごとに総額法にて取込み

子記録移転権利」の取扱いには留意が必要となる。

　「電子記録移転権利」が売買の形式により移転する場合に，譲渡者が個人である時は売却益相当が所得税の対象となるが，この場合においても「電子記録移転権利」の対象となった権利の内容を確認した上で具体的な課税関係を検討する必要がある。

　例えば，権利の内容が合同会社の持分であれば，株式等の譲渡となるため，一般株式等に係る譲渡所得等の金額として20.315％（所得税および復興特別所得税15.315％＋住民税5％）の税率により分離課税されるが，民法上の組合持分であれば組合財産の内容に応じて，それが投資用の不動産の譲渡であれば譲渡所得としてその保有期間に応じて20.315％（所得税および復興特別所得税15.315％＋住民税5％）または39.63％（所得税および復興特別所得税30.63％＋住民税9％）の分離課税の対象となり，匿名組合契約の持分であれば過去の譲

渡所得とされた判例があるため，その場合は総合課税の対象として最大約56％
の税率により他の所得と合算した上で課税される。

　なお，法人税法上も，有価証券の定義は所得税法と類似しているため（法人
税法では，譲渡性預金の預金証書（外国法人が発行するものを除く）をもって
表示される金銭債権が有価証券の対象に加わる），やはり「電子記録移転権
利」が特別に規定されているわけではない。このため，上記で言及していると
おり，「電子記録移転権利」の対象となった権利の内容に応じて既存の法体系
の枠組みの中で課税関係が決まることとなる。

6 ── 暗号資産による資金調達時の税務上の取扱い（海外）

　日本でICOを行った場合の課税上の取扱いは，ICOの土台となるホワイト
ペーパーの内容や，発行されるトークンの性質に応じて課税上の処理が議論さ
れるべきと考えられるものの，会計および税務のいずれにおいてもその取扱い
が不明瞭であるため，ICOを検討している事業者の中には，日本国外でICOを
実行することを検討しているケースもある。そこで，まずは暗号資産取引の拠
点として活用されているスイスとシンガポールにおいてICOを実施した場合の
一般的な税制の取扱いについて説明する。

(1)　スイス

　まず，スイスでICOを実行した場合のトークン発行体における現地税務上の
取扱いについては，Cantonal Tax Administration of Geneva（以下「AFCGE」
という）と呼ばれるスイス・ジュネーブ州の課税当局が公表しているガイドラ
インに基づいて税制の取扱いを説明する[1]。なお，スイス特有の税制である資
本税や富裕税といった税金や，証券取引税，源泉所得税，付加価値税（VAT）
等については割愛し，一般的な法人税（主にICOを実施する法人の観点から）
および個人所得税（主に投資家の観点から）についてのみ言及する。

---

[1]　Guide: Initial Coin Offerings（ICOs）in the Canton of Geneva/17 October 2018
　　Edition/ REPUBLIC AND STATE OF GENEVA, Department of Security, Directorate
　　General for Economic Development, Research and Innovation.

①　法人税

　トークン発行者は，そのトークンの性質に応じて取扱いが異なり，例えばエクイティトークンやデットトークンと呼ばれているセキュリティトークンである場合にはそれぞれ資本取引または負債取引として特段の課税関係は生じないが，ユーティリティトークン（サービス利用権）の場合は，トークン発行見合いで受領した資金は収益に計上する必要がある。ただし，ICOの発行体は以下のとおり，引当金を計上することでICO実行時点では課税関係を生じさせず，その後引当金を取り崩していくことで段階的に課税所得を認識する仕組みとなっている。

（i）　トークン発行時

　AFCGEは，トークン発行体における取扱いとして，トークンの発行の対価として受領する金融資産（つまり暗号資産）は課税所得を構成するものとして取り扱うこととしており，トークンの性質にかかわらず適用される。

　ただし，トークン発行体がICOにより調達した資金を，ICOの目的とする事業の運営費用や研究開発等に充当することを正式にコミットしている場合には，ICOによる資金調達額を上限に，損益計算書上，引当金を計上することが認められる。

　スイスでは，税法上，税法における別段の定めがある場合等を除き，原則として課税所得計算は会計処理に従うことが示されている。つまり，会計上でICOによる資金調達額を上限に引当金を計上することは，税務上も損金として取り扱われることとなり，結果としてICOにより受領した資金に係る課税所得との相殺効果を有すると考えられる。

（ii）　ICO目的事業の開発段階

　ICOの目的となる事業の開発段階が始まり，ICOにより調達した資金が投下されていくとき（AFCGEと事前に合意した期間がある場合にはその期間を超えたとき），上記トークン発行時に計上された引当金は取り崩さなければならない。

　一方で，事業の開発段階で生じる費用は，取崩額に応じて会計上費用として

計上される。そして，事業の開発段階が終了した段階で，引当金が残っている場合には，すべてを取り崩して会計上の収益とする必要がある。つまり，開発費用がICOによる調達額を下回る場合には，結果としてその下回る部分が課税所得を構成することとなる。

(iii) その他

トークンがその保有者に，発行体に対する特別な権利を与えている場合には，AFCGEと連携して上記の取扱いがそのまま適用できるかどうかにつき事前分析を行う（タックスルーリングを取得する）ことができるだろうと考える。なお，AFCGEとICO発行体に対して法的拘束力を有するタックスルーリングを取得する場合には，対象となるICOの実行前に，ジュネーブ税務当局のウェブサイトで要求される情報を記載し，ICOのストラクチャーに鑑みたタックスルーリングを事前申請することが認められている。

投資家としてトークンを保有する法人においては，トークンから生ずる配当，利息，キャピタルゲインその他の所得が法人税の課税対象となる。

② 所得税

スイス税制上，原則として私有資産の譲渡は非課税とされており，事業資産の譲渡は課税されるため，両者を区分することが重要となる。両者を区分するにあたっては，以下の5つの要素をすべて満たしているかどうかにより判断し，いずれかを満たさない場合には事業資産となる可能性があるため，その場合は個々の事案ごとに検討する必要がある。これはトークンの売買についても同様と考えられる。

- 所有期間が6か月以上であること
- 暦年ベースでのトークンの取得および売却価額の合計が，各暦年開始日における金額の5倍以内であること
- 実現したキャピタルゲインが個人の必要生活資金を構成していないこと（キャピタルゲインの金額がその個人の暦年の収入の50％未満である場合には一般的に必要生活資金を構成していないことになる）
- 投資がレバレッジされていないことまたは投資からの収入が対応する借入

等に係る支払利息以上であること
- 取得および売却に係るデリバティブ取引は自身の投資ポジションをヘッジするために行われていること

⑵　シンガポール

シンガポールの国税局（IRAS）は，暗号化により保護された電子上の表示や価値で，移転や保存，取引可能なものを「デジタルトークン」と定義している。デジタルトークンにつき，シンガポールでの課税関係に関する概要は次のとおりである。なお，シンガポールの所得税法（SITA）にはデジタルトークンを課税対象とする規定がないため，IRASが2020年 4 月17日付で，「デジタルトークンの所得税務上の取扱い」（Income Tax Treatment of Digital Tokens）というe-Tax Guideを発行している。原則として，デジタルトークンの所得税務上の課税関係は，当該デジタルトークンの区分（セキュリティトークン，支払手段，そしてユーティリティトークン）に応じて取扱いが異なる。

①　セキュリティトークン

セキュリティトークンは投資家にとっては法人に対する投資であり，取引の状況に応じて法人の負債または資本に対する投資として取り扱われるのが一般的である。セキュリティトークンの保有者は，その内容に応じて法人に対する支配的または経済的な権利を有することとなる。

セキュリティトークンの発行は，負債の引受けもしくは株式の発行に類似するものであるが，いずれに該当するかは，トークンから生じる権利もしくは義務の内容に拠ることとなる。なお，税務上の具体的な属性は，各セキュリティトークンの特徴に基づき決定され，具体的には，取得した持分の性質，発行体の事業に対する投資家の関与度合い，議決権の有無，元本の返済義務，投資家が発行体に対する返還請求できる権利の有無，発行体が清算する場合の負債の弁済順位，そして会計上の取扱いなどが勘案されることとなる。なお，上記以外の要素も場合によって検討すべき要素となりうる。

セキュリティトークンの所有者は，その保有するトークンから生ずる利子もしくは配当は，通常どおり利子または配当として課税される。セキュリティ

トークンの所有者が当該トークンを売却する際，当該売却に関わる損益の課税関係は，セキュリティトークンが資本取引または損益取引なのかに応じて決定される。つまり，所有者の観点から資本取引であれば，売却から生じる損益も資本として区分されるが，損益取引であれば，課税される可能性がある。

セキュリティトークンの課税関係はまだ不確実な点があると考えられるため，例えばセキュリティトークンの税務上の分類や，セキュリティトークンから生じる所得の課税関係を整理する場合，IRASに事前照会することが望ましい。

② 支払手段

支払手段としてのトークンは，支払方法として使われ，それ以外の機能はないため，概念的には暗号資産そのものに近いものである。

支払手段としてのトークンが物品またはサービスの対価として支払われる場合，等価交換を行ったものとみなされ，その物品またはサービスの対価の価額は，取引時点を基準日として評価される。したがって，ある事業者が提供した物品またはサービスに対し支払手段としてのトークンを受領する場合，当該事業者はその提供した物品またはサービスの価額に基づき課税される。一方，事業者が提供を受けた物品またはサービスの支払対価としてトークンを使用する場合，一般的な損金算入に関するルールに基づき，提供を受けた物品またはサービスの価額を損金算入することが可能となる。

IRASは現在に至るまで，支払手段としてのトークンの評価方法を規定したことがない。したがって，納税者は自ら支払手段としてのトークンを評価する必要があるが，その評価方法の合理性および検証可能性を確保することが求められる（例えば，その評価額がトークンの交換取引所において定められていること，評価は一貫性のある方法により行われていること等が挙げられる）。

支払手段としてのトークンを発行した場合は（IRASのe-Tax Guide上は，ICOによる資金調達見合いで投資家に発行する場面を想定している），発行者においては，具体的な事実関係に応じて課税対象となる可能性がある。

③ ユーティリティトークン

ユーティリティトークンは，特定の資産またはサービスから生じる便益を受

ける権利を表章するトークンとして定義されている。ユーティリティトークンの態様は様々であり，例えばICO実施法人から将来提供されるサービスの利用権利を表章するようなバウチャーであったり，ICO実施法人が有するWeb上のプラットフォームへのアクセス権を表章するような一種のアクセスキーという形式を取ることもある。

ユーティリティトークンの保有者は，将来に提供される物品またはサービスと交換することが約束されているユーティリティトークンを取得する場合，当該ユーティリティトークンの購入にあたって支払われた金額は前払費用として扱われる。損金算入に関するルールに従って，当該ユーティリティトークンが物品またはサービスの交換を行うために使用されるタイミングで，費用処理が認められる。

上記のようなユーティリティトークンの発行者は（IRASのe-Tax Guide上は，ICOによる資金調達見合いで投資家に発行することを想定している），ユーティリティトークン発行見合いで受領した金額は原則として繰延収益とみなされる。

ICOについては，e-Tax Guideの中で1つのセクションを設けた上でその課税関係が説明されている。ICOによるトークン発行者（資金調達を行う法人）においては，その資金調達により受領する資金が課税されるかどうかが1つの重要な論点になるが，その結論はトークンの性質によって異なる。上記でも触れているとおり，セキュリティトークンであれば負債または資本に該当するものとして資本取引として課税が生じず，ユーティリティトークンであれば将来の物品またはサービスの交換を受けるまでは課税が繰り延べられ，支払手段としてのトークンである場合には課税される可能性がある。さらに，ICOはその性質上，資金調達後に公約した事業を立ち上げていくことになるため，ICOが失敗した場合の課税関係についてもe-Tax Guideで言及されている。

例えば，ICOによってサービスプラットフォームを立ち上げることを目的としてユーティリティトークンを発行した場合において，そのサービスプラットフォームの立上げに失敗した時は，もしICOにより調達した資金をトークン保有者に全額弁済するのであれば課税関係は生じないが，もし一部でも弁済されない場合には，その弁済されない金額は，ICOが資本取引か損益取引のいずれに該当するかに応じて判断されることとなる。その判断にあたっては，トーク

ン発行者の主たる事業内容，ICOの目的，そしてトークンを発行することにより生じる契約上の負債等を勘案する必要がある。

　また，シンガポールでは開業費に関する損金算入規定があり，事業を開始した年度の直前事業年度に生じた費用のみが損金に算入することを認められている。この規定は，あらゆる事業について適用される規定であるため，ICOに係る事業についても例外ではなく，長期間にわたって準備費用が発生する場合などは留意が必要と考えられる。

　最後に，ICOを実施した法人は，一定の割合のトークンを確保し，その確保したトークンをトークンの設計・計画・実行に貢献した者に対する報酬として交付する場合があり，そのような創業者トークンと呼ばれるものに係る税務上の取扱いについても説明を加える。創業者トークンの性質が，トークンの設計等に係る労務の提供に対する報酬として支払われるものである場合には，創業者において課税される。一方で，もし創業者がトークンの設計等のために資金を拠出してその対価としてトークンを受け取り，会社に対する持分や議決権，経営への参画等の権利が与えられる場合には，そのトークンはキャピタルアセットとして取り扱われる。

　なお，創業者トークンが労務の提供に対する報酬として受け取ることで課税されるケースにおいて，ICOが実施されてから数年間は受領したトークンを売却することが制限されることがある。そのような譲渡制限期間が設けられている場合には，その譲渡制限期間が解除された時に創業者にトークンが交付されたものとみなして，そのタイミングで課税することが述べられている。その時のトークンの評価額は，その譲渡制限期間が終了したタイミングを基準とする。また，納税者は，ICOに係る取引記録を残しておき，IRASから照会があった場合にはその取引記録を提出する必要がある。なお，取引記録に含めるべき情報は次のとおりである。

- 取引日
- 取得または売却したトークンの単位
- 取引日におけるトークンの評価額
- 換算レート
- 取引の目的

- 取引相手に関する情報
- ICOの詳細
- 必要経費の領収書／請求書

7 ── 暗号資産取引に係る今後の税制

　暗号資産取引に係る税務上の取扱いがタックスアンサーという形で最初に公表されてからまだ3〜4年しか経っていないが，その間にも暗号資産取引は注目を浴びて暗号資産交換業者や取引参加者が増加の一途を辿っている。これに対応して，わが国は世界に先駆けて資金決済法や金融商品取引法を改正し，暗号資産取引の法的整備を行ってきたことから，税制面においてもこれを支援する事で，暗号資産取引のマーケットへの更なる発展を促すと同時に，納税者の適正な税務申告および納税環境を整えていくことに寄与できると考える。

　一般社団法人日本暗号資産取引業協会（JVCEA）および一般社団法人日本暗号資産ビジネス協会（JCBA）が連名で2021年度税制改正要望を金融庁に提出しており，その要望内容の骨子3点[2]について以下紹介したい。

(1)　暗号資産のデリバティブ取引について，20%の申告分離課税とし，損失については翌年以降3年間，デリバティブ取引に係る所得金額から繰越控除ができるようにする。

(2)　暗号資産取引にかかる利益への課税方法は，20%の申告分離課税とし，損失については翌年以降3年間，暗号資産に係る所得金額から繰越控除ができるようにする。

(3)　暗号資産取引にかかる利益年間20万円内の少額非課税制度を導入する。

　上記(1)および(2)は，暗号資産取引に係る所得税の計算についての要望である。現状，個人の暗号資産取引により生ずる取引は原則として雑所得として総合課税の対象となっており，最高45%（復興特別所得税および住民税も考慮すると

---

(2)　JVCEAのホームページ（https://jvcea.or.jp/cms/wp-content/uploads/2020/07/2021_zeisei-1.pdf）

最高約56％）の税率により課税される仕組みとなっている。この点について，先物取引の差金等決済に係る所得が申告分離課税を認められていることとの平仄を合わせる観点から，暗号資産のデリバティブ取引についてのみ同様に分離課税方式を導入し，また，損失の繰越控除制度を設けることで，先物取引と同様の課税環境を整える趣旨と考えられる。

　上記(3)については，暗号資産取引には，暗号資産を使用して商品等の購入や役務提供の対価を支払う行為も含まれるため，こういった支払時に実現する含み益についてまで課税するということは，納税者に含み益の管理を行わせることと同義であり，過度な負担が生じることを配慮しての要望だと考えられる。

　税制のあり方については様々な観点から検討されるべきであるが，その1つには，経済取引に対して税制が足かせとならないよう，取引に係る所得を把握して適切に課税しつつも，シンプルかつ実効性のある税制が敷かれることにあると考える。例えば，先物取引に係る差金等決済に係る所得について分離課税制度が導入された背景は，市場経済のもとで様々なモノの価格が変動する社会において先物取引による価格変動リスクを低減することができるといった機能が重視され，従来は事業所得等として総合課税の対象とされていた個人の商品先物取引による所得を申告分離課税とすることで，個人投資家がより一層市場参加しやすい環境を作り，商品先物取引市場を活発化させるという課題に取り組んだ。暗号資産に限らないが，これからも同じ思想で税制面から新たな経済取引を活発化させるような手当てがなされることを期待する。

あ と が き

　本書の企画がスタートしたのは約1年半前であった。この度，ようやく上梓に漕ぎつけることができたが，初校と最終校を比較すると，同一の企画であったのかと思うほど内容が変わっている。これは，まさに，過去1年半の間に，デジタル資産に関するビジネス環境や規制環境が国内外において激変したことの現れといえよう。世界的なコロナ禍の中，経済や生活のデジタル化が急激に進んでいることもあり，暗号資産をはじめとするデジタル資産のビジネスは急拡大している。

　例えば，ビットコインをはじめとする代表的な暗号資産については，2020年後半から米国を中心に上場企業や機関投資家がポートフォリオに組み込む動きが加速し，グローバル金融機関による暗号資産の取扱いも進み始めている。さらに一部の新興国では，ビットコインを法定通貨に採用する動きも出てきた。また，有価証券をブロックチェーン上のトークンに表章したセキュリティトークン（デジタル証券）についても，2020年5月施行の金融商品取引法改正によって規制枠組みが明確化されたこともあり，2021年夏に，日本の代表的な信託銀行，証券会社および不動産会社が組んで，トークン化された不動産証券化商品を公募するなど，その取組みが加速している。これらの動きはデジタル資産ビジネスが既存金融ビジネスに融合していくとともに，既存金融ビジネスを大きく変革させていくものといえよう。

　他方，これとは全く異なる方向でもデジタル資産の活用が拡大している。その代表的なものがデジタルアートやゲームアイテムをトークン化したノンファンジブル・トークン（NFT）と，ブロックチェーンのスマートコントラクトを利用して，金融機関を仲介せずに，ユーザー間で直接的に金融取引を行うことを可能とするDecentralized Finance（DeFi）である。NFTについては，デジタルアート等をトークンに表章することが，民事法や知的財産法上どのように位置付けられるのか，会計・税務上どのように取り扱われるのかについては現時点では必ずしも明らかではない。またDeFiについては，従来の金融規制

やマネーロンダリング規制を当てはめることができるのか，当てはめることがそもそも適切なのか，当てはめるのならばどのように当てはめるのかについて，議論が始まったばかりである。

　このように，テクノロジーの加速度的な進化を背景に，経済のデジタル化の流れが顕著になる中で，その最先端ともいえるデジタル資産ビジネスは変貌しながら急成長しているが，法務，会計，税務などの制度枠組みは一朝一夕に変わるものではなく，従来の制度枠組みをそのまま現実に当てはめることが相当に難しくなってきている。そのような状況を踏まえ，本書では，デジタル資産ビジネスの現状をまず紹介し，その上で，これに適用されうる現行の法律，会計，税制を解説するとともに，その限界や未解決な問題にも言及した。本書がデジタル資産ビジネスに携わられる皆様にとってお役に立つものであることを願うものである。

　本書の執筆にあたっては，あずさ監査法人パートナー関口智和公認会計士をはじめKPMGジャパンの各執筆者の方々およびアンダーソン・毛利・友常 法律事務所 外国法共同事業の同僚弁護士と繰り返し議論を行った。このような議論の中で様々な気付きがあり，それを本書に反映できたのは大きな喜びであった。

　最後に，本書の出版にあたっては株式会社中央経済社の土生健人氏に大変お世話になった。この場を借りて御礼申し上げる。

　2021年7月　執筆者を代表して

アンダーソン・毛利・友常 法律事務所 外国法共同事業

弁護士　河合　健

KPMGジャパン

KPMGジャパンは，KPMGの日本におけるメンバーファームの総称であり，監査，税務，アドバイザリーの3分野にわたる8つのプロフェッショナルファームに約9,000名の人員を擁しています。KPMGジャパンは，クライアントが抱える経営課題に対して，各分野のプロフェッショナルが専門的知識やスキルを活かして連携し，またKPMGのグローバルネットワークも活用しながら，価値あるサービスを提供しています。日本におけるメンバーファームは以下のとおりです。
有限責任 あずさ監査法人，KPMG税理士法人，KPMGコンサルティング株式会社，株式会社KPMG FAS，KPMGあずさサステナビリティ株式会社，KPMGヘルスケアジャパン株式会社，KPMG社会保険労務士法人，株式会社KPMG Ignition Tokyo

アンダーソン・毛利・友常 法律事務所 外国法共同事業

アンダーソン・毛利・友常 法律事務所 外国法共同事業は，1950年代初頭より，日本における本格的国際法律事務所の草分けとして，常に第一線で活躍してきたアンダーソン・毛利法律事務所，グローバルな証券発行等の国際金融取引やクロスボーダーの投資案件の分野において特に多くの実績を積んできた友常木村法律事務所，および，国際倒産・事業再生分野や危機管理部門において豊富な経験を有し，これを米国の大手法律事務所との外国法共同事業を通じて展開してきたビンガム・坂井・三村・相澤法律事務所（外国法共同事業）が合併・統合して誕生した，総合法律事務所です。
当事務所は，合併・統合による得意分野の相乗効果と規模の拡大により，いっそう幅広く質の高いリーガル・サービスを機動的に提供し，多種多様な依頼者が直面するあらゆる法律問題や複雑な分野横断的案件に対して，迅速かつ的確に対応しております。現在，当事務所には，M&A，ファイナンス，キャピタル・マーケッツ，事業再生・倒産，訴訟・仲裁をはじめ，企業活動に関連するほぼすべての専門分野に，豊富な実績を有するバイリンガルの弁護士が数多く所属しています。

〈編著者紹介〉

関口　智和（せきぐち　ともかず）　担当（共著）：第4章
有限責任 あずさ監査法人　金融事業部　パートナー
公認会計士，米国公認会計士，日本証券アナリスト協会認定証券アナリスト
1995年に朝日監査法人に入所後，主に金融機関の監査やアドバイザリー業務に従事した。その後，金融庁で証券監督者国際機構（IOSCO）の業務等を通じて国内外の会計・監査制度の策定に関与したほか，企業会計基準委員会（ASBJ）で研究員および常勤委員として，会計基準の開発に従事した。2016年4月より現職。現在，金融機関やフィンテック企業に対する監査やアドバイザリー業務に従事しているほか，開示高度化推進部長として企業情報の開示の充実に取り組んでいる。

河合　健（かわい　けん）　担当（共著）：第2章，第3章
アンダーソン・毛利・友常 法律事務所 外国法共同事業　パートナー
弁護士
東京銀行，東京三菱銀行勤務を経て2009年弁護士登録。スタートアップから大手金融機関まで広くフィンテック，デリバティブ，金融規制等に関連する各種のリーガルアドバイスを行っている。また，日本金融サービス仲介業協会監事，日本STO協会法律顧問，および日本暗号資産ビジネス協会法律顧問を務める。

〈著者紹介〉

東海林　正賢（しょうじ　まさより）　担当：第1章
KPMGジャパンフィンテック・イノベーション部長兼
KPMGコンサルティング株式会社　フィンテック・イノベーション　パートナー
一般社団法人オルタナティブデータ推進協議会理事
新卒より外資系システム会社にてテクノロジーによる差別化をもとに様々な新規ビジネスの立上げに従事。2015年よりKPMGコンサルティングにて金融機関におけるテクノロジーを用いた新規事業/サービス立上げ・実行，デジタル中期計画策定などを行っている。

保木　健次（ほき　けんじ）担当（共著）：第2章
KPMGジャパンフィンテック・イノベーション部副部長兼
有限責任 あずさ監査法人　金融事業部　ディレクター
国内外の金融機関にてファンドマネジメント業務等を経験した後，2003年に金融庁に入庁。証券取引等監視委員会特別調査課，米国商品先物取引委員会（CFTC），金融庁総務企画局市場課，経済協力開発機構（OECD），金融庁総務企画局総務課国際室にて勤務。2014年にあずさ監査法人入所。暗号資産交換業および電子決済等代行業を含むFinTech関連規制対応等のアドバイザリー業務に従事。

長瀬　威志（ながせ　たけし）　担当（共著）：第2章
アンダーソン・毛利・友常 法律事務所 外国法共同事業　パートナー
弁護士，ニューヨーク州弁護士
金融庁総務企画局企業開示課に出向した後，国内大手証券会社法務部に2年間出向。金融庁出向は主に開示規制に関する法令・ガイドラインの改正，スチュワードシップコードの策定

等に携わり，証券会社出向中は各種ファイナンス案件，FinTech案件，コーポレート案件へのアドバイスに従事。当事務所復帰後は，暗号資産交換業・デジタル証券，電子マネー決済等のFinTech案件を中心に取り扱うとともに，国内外の金融機関に対するアドバイスを提供。

福井　崇人（ふくい　たかと）　担当（共著）：第3章
アンダーソン・毛利・友常 法律事務所 外国法共同事業　アソシエイト
弁護士
金融庁監督局に2年半出向した後，日本暗号資産取引業協会に2年間出向。金融庁出向中は金融会社室において暗号資産交換業者向け事務ガイドラインの策定等に携わり，暗号資産取引業協会出向中は自主規制規則の策定および協会運営事務全般に従事。当事務所復帰後は，暗号資産を中心としたFinTech案件を中心に取り扱うとともに，デジタル証券の発行など金融機関に対するアドバイスを提供。

奥田　美希（おくだ　みき）　担当（共著）：第3章
アンダーソン・毛利・友常 法律事務所 外国法共同事業　アソシエイト
弁護士
金融庁企画市場局市場課に2年間出向。
金融庁出向中は金融商品取引法改正に携わる。当事務所復帰後はFinTech案件（主に暗号資産・ブロックチェーン関連），資金決済法・金融商品取引等の金融規制を中心に取り扱う。

前田　啓（まえだ　けい）　担当（共著）：第4章
有限責任 あずさ監査法人　東京第2統括事業部　パートナー
公認会計士
1993年に朝日親和会計社（現　有限責任 あずさ監査法人）に入所以来，上場企業の監査業務や株式上場支援業務等に従事。2009年から2012年および2014年から2017年に企業会計基準委員会（ASBJ）へ出向し，専門研究員およびディレクターとして退職給付会計や税効果会計に関する会計基準の開発に従事した。現在は会計プラクティス部も兼務し，日本基準やIFRSのテクニカルイシューに関するコンサルテーション業務に携わる。

渡邉　直人（わたなべ　なおと）　担当（共著）：第5章
KPMG税理士法人　FinTech部門 パートナー（福岡事務所長兼任）
税理士
1999年アーサーアンダーセン税務部門（現KPMG税理士法人）に入所後，2010年KPMGシドニー事務所への出向，2012株式会社ディー・エヌ・エーへの転籍を経て，2014年KPMGに復帰し，パートナーに就任。金融・メディアエンターテイメント・IT関連の事業領域および成長企業に対する税務にフォーカスした税務業務に従事している。

松浦　尚人（まつうら　なおと）　担当（共著）：第5章
KPMG税理士法人　FinTech部門 シニアマネージャー
税理士
大手税理士法人での勤務後，2016年にKPMG税理士法人に入所。金融・メディアエンターテイメント・IT関連の事業領域および成長企業に対する税務サービスにフォーカスした税務業務に従事している。

デジタル通貨・証券の仕組みと実務
ビジネス・法務・会計・税務

2021年10月10日　第1版第1刷発行
2021年12月10日　第1版第2刷発行

監修者　ＫＰＭＧジャパン
　　　　アンダーソン・毛利・友常
　　　　法　律　事　務　所
　　　　外　国　法　共　同　事　業
編著者　関　口　智　和
　　　　河　合　　　　健
発行者　山　本　　　　継
発行所　㈱　中　央　経　済　社
発売元　㈱中央経済グループ
　　　　パ　ブ　リ　ッ　シ　ン　グ

〒101-0051　東京都千代田区神田神保町1-31-2
電話　03（3293）3371（編集代表）
　　　03（3293）3381（営業代表）
https://www.chuokeizai.co.jp
印刷／㈱堀内印刷所
製本／有井上製本所

＊頁の「欠落」や「順序違い」などがありましたらお取り替えいた
しますので発売元までご送付ください。（送料小社負担）
ISBN978-4-502-38901-6 C3034